别让坏脾气害了你

当时忍住就好了

叶 舟◎著

江西人民出版社
Jiangxi People's Publishing House
全国百佳出版社

图书在版编目（CIP）数据

别让坏脾气害了你 / 叶舟著. -- 南昌：江西人民
出版社，2017.10

ISBN 978 7 210 09609-2

Ⅰ．①别… Ⅱ．①叶… Ⅲ．①情绪－自我控制－通俗
读物 Ⅳ．①B842.6-49

中国版本图书馆CIP数据核字（2017）第182981号

别让坏脾气害了你

叶舟 / 著

责任编辑 / 冯雪松　钱浩

出版发行 / 江西人民出版社

印刷 / 天津嘉杰印务有限公司

版次 / 2017年10月第1版

2017年10月第1次印刷

880毫米×1280毫米　1/32　7印张

字数 / 140千字

ISBN 978-7-210-09609-2

定价 / 26.80元

赣版权登字-01-2017-578

如有质量问题，请寄回印厂调换。联系电话：010-64926437

前言

告别容易后悔的人生

每一个人都渴望成功，希望生命能在有生之年画出优美的弧线，有一份体面、稳定、舒适的工作，这份工作又能有较丰厚的薪水，可以给自己以及家人带来更多物质上的保障和精神上的慰藉，还希望自己能够得到上司的重用，进而得到提拔，实现自身的最高价值。此外，还希望有一个温暖的家庭和一个可爱的孩子，并在节假日能够和家人一起外出旅游度假，共享天伦之乐。

然而，真正能够实现愿望的人并不多，因为很少有人能够知道并真正读懂人生的基本原则，那就是学会控制自己的坏脾气，学会忍耐。关键时刻如果忍不住脾气，耐不住寂寞，经不起诱惑，不懂得放弃，人可能就会做出错误的选择，也就不可能过上无悔的人生。

坏脾气只能让人获得一时之痛快，却给自己带来长久之痛苦。1998年世界杯1/8决赛，英国队与阿根廷队对阵的下半场，当时还是球队新人的贝克汉姆在一次拼抢中被西蒙尼放倒，并且受到了对方的挑衅。作为受害者，贝克汉姆原本应该等待主裁判对西蒙尼的处罚，然而年轻气盛的他倒在地上还是不甘心地踢了西蒙尼一脚，结果经验老道的西蒙尼顺势夸张地倒地不起，主裁判尼尔森见状，当着亿万球迷的面向贝克汉姆出示了红牌。贝克汉姆的离场导致英格兰必须以少打多，这也让他们在比赛中陷入被动局面，最终三狮军团输掉了比赛。世界杯过后，回到曼联队效力的贝克汉姆，每逢上场必然遭到全场球迷的嘘声。直到几年后，凭借过人球技的他才逐渐得到球迷的谅解。但是那次事件，成为贝克汉姆职业生涯中一个永远抹不去的污点。贝克汉姆为自己的坏脾气交了高昂的学费，也让他上了一堂价值不菲的"人生体验课"。

坏脾气往往是成功的大敌，一时的冲动可能会毁掉你的一生。心平气和是一种境界与气度，人应学会控制自己的坏脾气，克制自己，远离愤怒之魔。

世界级潜能开发专家安东尼·罗宾斯说过："成功的秘诀就在于懂得怎样控制痛苦与快乐这股力量，而不为这股力量所反制。如果你能做到这点，就能掌握住自己的人生，反之，你的人生就无法掌握。"

弱者任情绪控制行为，强者让行为控制情绪。情绪如同一匹桀骜不驯的野马，当你有办法驾驭它的时候，它就会甘心为你所驱使。但是如果放任它的话，它就会想方设法把你摔下来，阻挡你前进的步伐。

每个人都有心情不好的时候，都有无名火起的时候，凡事多一些理性思考，少一些任性臆测，你就能把坏脾气这个魔鬼关在牢笼里，战胜那些企图摧毁你的力量。总之，只要你领悟了情绪变化的奥秘，对于自己千变万化的情绪，你就不会再听之任之。

做人不情绪化，做事才能按部就班、圆圆满满，这样才能成为掌握自己的命运的强者，才能成就辉煌的事业。

这世上总有一些人，非要等到千帆过尽，才开始知道回头；等到流离失所，才开始懂得珍惜；等到物是人非，才会开始怀念；等到万事休矣，才开始反省自身。

在这个诱惑特别多、顾虑特别少的时代，在这个步子特别快、变化也特别快的时代，我们要想拥有一个美好的人生，就必须懂得这些道理。成功的定义是有多方面的，物质的、精神的、深层的、浅层的，不一而足。而关键时刻忍得住脾气，耐得住寂寞，经得起诱惑，懂得选择，学会放弃，是实现人生成功最基本的原则，值得我们好好深思、借鉴。

《别让坏脾气害了你》用简洁、通俗的语言，把坏脾气引来的不良后果以及为达到成功需要忍住的关键因素详细展开讲解，让读者在人生道路上不再徘徊、迷惑，更好地找准位置，走出自己的一条路来，也希望每一个阅读者都能从中受益，告别容易后悔的人生。

目录

Contents

第一章

遇事保持冷静，
情绪化伤人又误事

　　能否理智地驾驭自己的情感，是一个人是否走向心智成熟的重要标志。感情用事者不仅会远离成功，还会因为自己的不成熟给别人带去伤害、给自己招来祸端。西楚霸王项羽不采纳亚父范增的建议，感情用事地放走刘邦，终难成大事，虞姬玉陨，霸王自刎。这样的例子不胜枚举。不把自己的意志强加于人，不因自己的悲喜而改变生活的原则，以宽容的态度对待别人的言行，以成熟的心智判断生活中的是是非非，这是一种高尚的人格修养，也是一种百炼成钢的大智慧。

情绪化伤人又误事

面对各种机会、诱惑、困境、烦恼的时候，要想把握自己，就必须控制自己的思想，必须对思想中产生的各种情绪保持警觉性，并且视其对心态的影响是好是坏而接受或拒绝。乐观会增强你的信心和弹性，而仇恨会使你失去宽容和正义感。如果你无法控制自己的情绪，将会因为不时的情绪冲动而受害。

情绪是人对事物的一种最浅、最直观、最不用动脑筋的情感反应。它往往只从维护情感主体的自尊和利益出发，不对事物做复杂、深远的考虑，这样的结果，常使自己处在很不利的位置上或被他人所利用。本来，情感离智谋就已距离很远了，情绪更是情感最表面、最浮躁的部分，以情绪做事，焉有理智？不理智，能够成功吗？显然是不可能的。

但是我们在工作、生活中，却常常依从情绪的摆布，头脑一发热，什么蠢事都愿意做，什么蠢事都做得出来。比如，因一句无关紧要的谈话，我们便可能与人打斗，甚至拼命（诗人莱蒙托夫、诗人普希金都是与人决斗死亡，便为此类情绪所害）；又如，我们因别人给我们的一点假仁假义而心肠顿软，大犯根本性的错误（西楚霸王项羽在鸿门宴上耳软、心软，以致放走死敌刘邦，最终痛失天下，便是这种妇人心肠的情绪所为）。还有很多因情绪的浮躁、简单、不理智等而犯的过错，大则失国失天下，小则误人误己误事。事后冷静下来，自己也会感到其实可以不必那样。这都是因为情绪的躁动和亢奋，蒙蔽了人的心智。

这些情绪实际上就是个人心态的反映，而这种心态有时将你作为完全掌控的对象。

三国时，诸葛亮和司马懿祁山交战，诸葛亮千里劳师欲速战以决雌雄。司马懿以逸待劳，坚壁不出，欲空耗诸葛亮士气，然后伺机求胜。诸葛亮面对司马懿的闭门不战，无计可施，最后想出一招，送一套女装给司马懿，羞辱他如果不战小女子是也。古代以男人为尊，尤其是军旅之中。如果是常人，都会接受不了此种羞辱。司马懿另当别论，他落落大方地接受了女儿装，情绪并无影响，而且心态甚好，还是坚壁不出。老谋深算的诸葛亮对他无计可施了。

情绪误人误事，不胜枚举。一般心性敏感、头脑简单的人，爱受情绪支配，头脑容易发热。问一问你自己，你爱头脑发热吗？你爱情绪冲动吗？检查一下你自己曾经因此做过哪些错事、犯傻的事，以警示自己。

记住，情绪决定成败。

如果你正在努力控制情绪的话，可准备一张图表，写下你每天体验并且控制情绪的次数，这种方法可使你了解情绪发作的频繁性和它的力量。一旦你发现刺激情绪的因素时，便可采取行动除掉这些因素，或把它们找出来充分利用。

将你追求成功的欲望，转变成一股强烈的执着意念，并且着手实现你的明确目标，这是使你学会情绪控制能力的两个基本要件。这两个基本要件之间，具有相辅相成的关系，而其中一个要件获得进展时，另一个要件也会有所进展。

坏情绪会相互传染

在心理学上，有一个踢猫效应，说的是：一个父亲在公司受到了老板的批评，回到家就把在沙发上跳来跳去的孩子臭骂了一顿；孩子心里窝火，狠狠地去踢身边打滚的猫；猫逃到街上时，正好一辆卡车开过来，司机赶紧避让，却把路边的孩子撞伤了。这个心理学效应描绘的是一种典型的坏情绪的传染。人的不满情绪和糟糕的心情，一般会随着社会关系链条依次传递，由地位高的传向地位低的，由强者传向弱者，无处发泄的最弱小的便成了最终的牺牲品。其实，这是一种心理疾病的传染。

如果把这个效应中的父亲、孩子、猫、司机都看成一个人的不同状态，那么，我们就可以很明显地看出，坏情绪就是这样不断传染、累积，而且程度越来越深。一些人之所以最后被坏情绪侵袭，就是因为他们将上一次的坏情绪一直传染给下一次的自己，让自己的心态一直处于失衡状态，整个人也被坏情绪包围着。就像掉进醋缸里的萝卜，总在里面泡着，不酸都难。

薇薇安是某大型企业的一位中层领导。到月底发工资时，薇薇安发现自己的工资中少了几百元，便到人力资源部去讨说法。

"上班表情不佳，影响到部门员工工作情绪的每次扣××元，这是公司的新规定。"人力资源部的回答让薇薇安有些哭笑不得。

薇薇安想起，上个月，中层以上部门经理的会议中，总经理曾这样说过：曾经有一份调查显示，职场中领导眉头紧锁，会对员工造成很大的心理压力，导致工作效率直线下降。正所谓"老板不笑，员工烦恼"，所以，公司内部中层领导以上的员工，工作中一律要保持良好的表情，让整个办公环境保持一种愉快气氛。

这个规定薇薇安以为领导只是说说，也没放在心上。她平时就不爱笑，又喜欢发脾气。她在讨说法时，人力资源部亮出了证据。"7月23日，部门会议前，因为薇薇安经理的面部表情僵硬，七八名员工等在办公室门外，不敢进入，每个人的心情都非常不好。"这段话来自于部门员工的举报。这样的举报，7月份薇薇安共遭遇了12次，应罚款数目为××元。

薇薇安没想到自己不爱笑的特点竟让同事们这样为难，竟带来了如此不好的情绪传递。

因为不爱笑，传递了不良情绪而被经济处罚，听起来也许很新鲜，其实它表明：第一，企业已经开始重视心理对工作效率的影响，确信情绪也是一种生产力。第二，自己的情绪并不光是自己的事，它会形成一个小气候影响他人，也会受他人情绪的影响。

1930年是美国经济最萧条的一年。

当时美国国内80%的旅馆倒闭了，希尔顿旅馆欠了大量债务。

老板希尔顿把员工召集在一起说："为了将来能有云开日出的一天，我请各位万万不可把愁云挂在脸上，给顾客的应该是永远的微笑。"

就用这种"微笑的精神"，在旅馆业希尔顿笑到了最后。

当美国经济复苏后，希尔顿旅馆率先红火起来，这时希尔顿又对他的员工说："只有一流的设备而没有一流的微笑，正好比花园里没有阳光。我宁愿住虽有残旧的地毯却处处有微笑的旅馆，不愿住进只有一流设备而见不到微笑的地方。"

如今，希尔顿集团的资产已经发展到数十亿美元，名声显赫于全球旅馆业，困难时期的微笑，成了产业发展的动力和物质财富。

美国心理学家加利·斯梅尔的长期研究发现：原来心情舒畅、开朗的人，若同一个整天愁眉苦脸、抑郁难解的人相处，不久也会变得沮丧起来。一个人的敏感性和同情心越强，越容易感染上坏情绪。

这种传染过程是在不知不觉中完成的。

如果一个情绪并不低落的学生，和另一个情绪低落的学生同住一间宿舍，前者的情绪也往往会低落起来。

在家庭中，如果一个人情绪低落，其他成员也容易出现情绪问题。

美国另一位心理学教授的研究表明，只要20分钟，一个人就可以受到他人低落情绪的传染。在社会交往中，个人情绪对其他人情绪有着非常大的传染作用，如果你喜欢和同情某个人，你就特别容易受到那个人的情绪影响。

对于控制不住自己而在家庭、职场中经常发泄不良情绪，制造情绪污染的人，应该如何对这种危害人际关系的"病毒"进行诊治呢？

最重要的是要让自己学会快乐，变消极情绪的污染源为积极情绪的传播源。有人说了，现实中就是有那么多不如意的事，你让我怎么高兴起来？

曾有家夫妻心理医生开办的心理咨询所，天天门庭若市，预约号常常排到了几个月之后。他们受人欢迎的原因很简单，他们夫妇的主要工作就是让每一位上门的咨询者经常操练一门功课：寻找微笑的理由。

比如，在电梯门将要合拢时，有人按住按钮为了让你赶到；

收到一封远方朋友的来信；

有人称赞你的新发型；

雨夜回家时发现门外那盏坏了很久的路灯今天亮了；

清洁工在离你几步远的地方停下扫帚，而没有让你奔跑着躲避灰尘。

生活中的任何细节，都可以作为微笑的理由，因为这是生活送给你的礼物。

那些按这对心理医生夫妇要求去做的人发现，几乎每天都能轻而易举地找到十几个微笑的理由。时间长了，夫妻间的感情裂痕开始弥合，与上司或同事的紧张关系趋向缓和，日子过得不如意的人也会憧憬起明天新的太阳。总之，他们付出的好心情，都有了意想不到的收获。

　　记住，情绪是会传染的，多为快乐找理由，别为消极找借口。

遇事冷静，控制情绪

俗话说："将军赶路，不追小兔。"将军是率领三军去打仗的，兵贵神速，分秒必争。如果此时路边出现一只小兔，如果将军恰爱狩猎，如果将军把握不住大局，如果再有一帮曲意逢迎者激励撺掇，那会是什么结果？肯定会贻误战机、误国害人，进而国法难容、身败名裂。

人生有太多的不如意，因此，"忍"是很重要的。很多时候因为忍不住小事，结果坏了大事，这就非常不值得了。所以孔子早就警示我们："小不忍，则乱大谋。"

每个人都会有自己的情绪，而情绪是一种很难掌控的东西，有时甚至让人捉摸不透，但是，不管怎样，你都要想办法将它捏得紧紧的。因为这关系到你能否在社会上游刃有余地生存。生活中，面对不同的环境，不同的对手，有时候采用什么手段已不太重要，而如何保持好自己的情绪才是至关重要的。

大多数的人都能把握自己的情绪，做到收放自如，这个时候，情绪已不仅是一种感情上的表达，而且变成了攻防中使用的武器。有时候，掌控不住情绪，不管三七二十一发泄一通，结果搞得场面十分难堪。生活中，每个人都难免会碰到这种擦枪走火的情况。但是，有些人有将不良的情绪马上收回来的本事，有些人却被情绪牵着鼻子走，任其发展，最终被情绪所毁。

1965年9月7日，纽约在进行世界台球冠军争夺赛。开始时的路易斯·福克斯十分得意，因为他远远领先于对手，只要再得几分便可登上冠军宝座。就在这关键时刻，突然发生了一件令他意料不到的小事——一只苍蝇落在了主球上。路易斯开始时没在意，一挥手赶走了苍蝇，俯下身准备击球，可当他的目光落在主球上时，那只可恶的苍蝇又落到了主球上。

观众发出一阵阵的笑声，此时路易斯的情绪明显受到了影响，他又去赶苍蝇，然而那只苍蝇好像在故意与他作对似的，他一回到球台，它也跟着飞回来，惹得在场观众哄堂大笑。路易斯的情绪恶劣到了极点，终于，他失去冷静和理智，愤怒地用台球杆去击打苍蝇，一不小心球杆碰到主球，被判成了一次击球，从而失去了一轮机会。本以为败局已定的对手约翰·迪瑞见状，勇气大增，最终赶上并超过路易斯，夺得了世界冠军。第二天的早上，人们在河里发现了路易斯的尸体：他投水自杀了。

数十年过去了，这件事似乎早已被人们遗忘，可是仍值得我们深思：在生活中，当"苍蝇"影响了我们的情绪时，我们应该如何去应对？事实上，在日常生活中，我们经常会遇到类似于这样的一些小事情，比如你正在苦思冥想一道难题，旁边不远处的人却在不停地说笑，这让你心烦不已；你正卖力地主持单位的一台晚会，话筒却突然没有了声音，台下的观众发出了笑声……一个人如果不能忍受现实生活中的挫折或不顺，那么就极有可能会导致工作或者事业上的彻底失败。路易斯的死，就是因为他不能忍小而谋大所造成的。

"小不忍则乱大谋"，这句话在民间广为流行，而且还成了一些人用以告诫自己的座右铭。对于一个有志向、有理想的人，不应斤斤计较个人得失，更不应在小事上纠缠不清，一定要有开阔的胸襟和远大的抱负。只有做到这样，才能成就人生的大事，来实现自己的梦想。

静下来，一切都会好

情绪往往只从维护情感主体的自尊和利益出发，不对事物做复杂、深远和智谋的考虑，这样的结果常使自己处在很不利的位置上或被他人所利用。情绪是情感的最表面部分，仅凭情绪做事，不会有理智可言。

理智和冷静能够帮助我们控制或缓解不良情绪的暴发，使激动的情绪降至平和的抑制状态。凡是有理智的人大都能及时意识到自己情绪的变化，当怒起心头时，马上意识到不对，能迅速冷静下来，主动控制自己的情绪，用理智减轻自己的怒气，使情绪保持稳定。林则徐在自己房内挂着"制怒"的条幅，那是为了提醒自己及时控制情绪；俄国著名作家屠格涅夫和人吵架前，先把舌尖在嘴中转十圈，就是这个道理。

当你遇到难以解决的问题时，是只顾发泄不满，还是冷静地权衡后想出解决之道呢？

一、遇到危机不慌乱，沉着冷静有办法

迈克是一名跳伞队员，一次为比赛而进行训练的时候，他和队友在南加州的沙漠上空练习特技跳伞。他们在距离地面13000英尺的高空从飞机上往下跳，然后他们得立刻挽起手编成队形，直到他们降落到距地面5000英尺的地方才可以松开手。

队员们的手松开了，他们一个个从队形中分离出来，想要打开他们的引导伞。当迈克把手伸向自己的引导伞时，可怕的事情发生了——什么动静都没有。引导伞，那把应该先于主降伞打开，确保整个开伞过程井然有序的小小的制动伞被卡住了！他朝着地面飞速扑去，他伸出手又做了一次，努力想拉开他的引导伞——没有一点儿用。

不用说，当时这种情形让人感到绝望极了。虽然还有备用伞，出于两个原因迈克一直迟迟没有采用：一个原因是，如果备用伞已经打开了，以后他的引导伞也最终打开，就会有两把降落伞同时在迈克的头顶，它们会绞在一起。现在距离地面这么近，一旦出现这种情况会是致命的；另一个原因是，打开备用伞是走投无路时的最后一招，只有在紧急状态下才可以这么做。这时候迈克的脑袋里出现了一个小小的声音，提醒他现在是危急时刻，需要立刻打开备用伞。

此时，他已降落了一万英尺，距离地面只剩下三千英尺，迈克必须在这时候打开备用伞，否则就彻底没命了。备用伞"嘭"地发出一声巨响在他头顶张开，绽开了美妙绝伦的一幅画面：一把橙绿色的开得满满的降落伞在蓝天碧水间缓缓飘落。迈克安全地朝着地面飘下来，陶醉在自己依然活着的巨大喜悦里。

迈克说他当时一遍遍提醒自己一定要保持冷静，因为惊慌失措只能让事情的结果更糟。

只要头脑是理性的，就能得出更接近客观的分析，就能找到解决问题的正确方法。反之，如果思维是非理性的，对问题的看法立即就会给自己带来困扰。

二、保持理性思考

阿光今年刚从大学毕业，他学的是英语专业，自认为无论听、说、读、写，对他来说都只是雕虫小技。由于他对自己的英文能力相当自信，因此寄了很多英文履历到一些外资公司去应聘，他认为英文人才是就业市场中的绩优股，肯定人人抢着要。

然而，一个星期接着一个星期过去了，阿光投递出去的简历却了无回音，犹如石沉大海一般。阿光的心情开始忐忑不安，此时，他却收到了其中一家公司的来信，信里刻薄地提道："我们公司并不缺人，就算职位有缺，也不会雇用你，虽然你认为自己的英文程度不错，但是从你写的履历看来，你的英文写作能力很差，大概只有高中生的程度，连一些常用的文法也错误百出。"

阿光看了这封信后，气得火冒三丈，好歹也是个大学毕业生，怎么可以任人将自己批评得一文不值。阿光越想越气，于是提起笔来，打算写一封回信，把对方痛骂一番，以消除自己的怨气。

然而，当阿光下笔之际，却忽然想到，别人不可能会无缘无故写信批评他，也许自己真的太过自以为是，犯了一些自己没有察觉的错误。

因此，阿光的怒气渐渐平息，自我反省地又察看了一番，并且写了一封感谢信给这家公司，谢谢他们举出了自己的不足之处，遣词用字诚恳真挚，把自己的感激之情表露无遗。

几天后，阿光再次收到这家公司寄来的信函，他被这家公司录取了！

以理性面对生活，有利于苦乐中的洗练，可尽享人生中的惬意；以理性面对他人，有利于善恶中的辨识，可近君子而远小人；以理性面对名利，有利于道德上的完善，可提高人品和素质；以理性面对坎坷，有利于安危中的权衡，可除恶保康宁。

三、化不满为创新

加藤信三是日本狮王牙刷公司的小职员。他前一天夜里加班加点，很晚回家休息，尽管他头晕目眩，想美美地睡上一觉，但是他必须马上起床，赶到公司去上早班。起床后，他匆匆忙忙地洗脸、刷牙，不料，急忙中出了一些小乱子，牙龈被刷出血来！加藤信三不由火冒三丈。因为刷牙时牙龈出血的情况已不止一次地发生过。情绪不好的他怀着一肚子的牢骚和不满冲出了家门。

作为一个牙刷公司的职员，竟然数次刷牙牙龈出了血，加藤的不满情绪越来越大了。他怒气冲冲地朝公司走去，准备向有关技术部门发一通牢骚。

走进公司大门时，走着走着，他的脚步渐渐地放慢了。加藤信三曾参加过公司组织的管理科学学习班。管理科学中有一条名言使他改变了自己的态度。这条训诫说："当你遇有不满情绪时，要认识到正有无穷无尽新的天地等待你去开发。"

他冷静下来以后，和同事们想出了不少解决牙龈出血的好办法。他们提出了改变刷毛的质地、改造牙刷的造型、重新设计毛的排列等各种改进方案，经过论证后逐一进行试验。试验中加藤发现了一个为常人所忽略的细节：他在放大镜下看到，牙刷毛的顶端由于机器切割，都呈锐利的直角。"如果通过一道工序，把这些直角都挫成圆角，那么问题就完全解决了！"同事们都一致同意他的建议。经过多次试验后，加藤和他的同事们正式地向公司提出成功的结果。公司很乐意改进自己的产品，迅速投入资金，把全部牙刷毛的顶端改成了圆角。

改进后的狮王牌牙刷很快受到了广大顾客的欢迎。对公司做出巨大贡献的加藤从普通职员晋升为科长，十几年后成为了公司董事长。

麻烦事有时候不一定就是坏事。遇到无法解决的事情时，多问自己"为什么"，保持头脑冷静地仔细思考，你可能会有重大的发现。

心平气和面对别人的错误

有这样一个极富哲理的故事：

有一天，佛陀在竹林精舍的时候，有一个婆罗门突然闯进来，因为同族的人都出家到佛陀这里来，令他很不满。佛陀默默地听他的无理胡骂，等他稍微安静后对他说："婆罗门啊，你的家偶尔也有访客吧！""当然有，你何必问此！""婆罗门啊，那个时候，偶尔你也会款待客人吧？""那是当然的了！""婆罗门啊，假如那个时候，访客不接受你的款待，那么，这些菜肴应该归于谁呢？""要是他不吃的话，那些菜肴只好再归于我！"佛陀看着他，又说道："婆罗门啊，你今天在我的面前说了很多坏话，但是我并不接受它，所以你的无理胡骂，那是归于你的！如果我被谩骂，而再以恶语相向，就有如主客一起用餐一样，因此我不接受这个菜肴。"然后，佛陀为他说了以下的偈：

"对愤怒的人，以愤怒还牙，是一件不应该的事。对愤怒的人，不以愤怒还牙的人，将可得到两个胜利：知道他人的愤怒，而以正念镇静自己的人，不但能胜于自己，也能胜于他人。"婆罗门经过这番教诲，出家佛陀门下，成为阿罗汉。

相信大家在读了这个小故事后会有所感悟，正如康德所言："生气是拿别人的错误来惩罚自己。"

当你对某人所做的某事不满、生气，说明此人在你心目中占有一席之地，你重视、在乎此人，你不希望他所做之事会令你不快，更不希望会伤害到你。如果确实这个人在你的心目中占有一席之地，你生气还情有可原。如果你们之间什么关系都没有，那生什么气呢？为了一个跟你毫无瓜葛的人生气值得吗？进一步来说，别人犯了错，而你去生气，岂不正是拿别人的错误来惩罚自己吗？

因此，我们千万不要去生气动怒。我们要心平气和地面对一切。那么，如何才能不生气呢？

第一，难得糊涂，学会睁一眼闭一眼。只要不是原则性问题，看到的当没看到，听到的当没听到。要忍，忍一时风平浪静，退一步海阔天空。做事清楚难，糊涂更难。

第二，发怒之前，要让自己在心里数数。首先由一数到十，再慢慢增加。当你数到一百，你就知道已学会控制自己的反应——你将能控制愤怒。如你觉得有人令你生气，或他们的情绪影响到你，那就说："等一下！"这么做会给你时间想想正发生什么事。谨记，你有权利要求更多时间考虑。

第三，想想这事确实值得你生气吗，认真地在心里问问自己在下星期、下个月或明年，现在让你感到生气的事还很重要吗。这可以帮助你检视、决定生气是否适当。

第四，树立气大伤身的健康认识。在你要生气的时候，不妨想想生气会给你的身体带来哪些害处。久而久之，你就会控制住自己的脾气，不再生气了。

第五，潇洒生活，胸襟宽阔，乐观豁达。日常生活中，要力争做到小事不计较，大事想得开，既然生气也没用，还不如就把不愉快当作生活中的小片段或者小插曲，就让它一笑而过吧！

如果我们还是不能消除心中的愤怒，那么就让我们在心里牢记这首《不生气歌》吧！

不生气歌

人生就像一场戏，相扶到老不容易；

因为有缘才相聚，是否更该去珍惜；

为了小事发脾气，回头想想又何必；

别人生气我不气，气出病来无人替；

我若气死谁如意，况且伤神又费力；

邻居亲朋不要比，儿孙琐事由他去；

吃苦享乐在一起，神仙羡慕好伴侣。

与其生气，不如争气

生活中总会遇到各种各样不公平的事情，于是，我们看到身边有很多人总是不停地抱怨，并因此而萎靡不振。其实，这个世界原本就是不公平的，不能一遇到不公平的事就生气。

曾经在《读者》上读到这样一个故事：

有一人被邀请去一所大学做演讲比赛的评委。参赛选手经过抽签确定了演讲的顺序和主题之后，第一位选手表情很不满地走上台去。"同学们，尊敬的评委们，这是一场不公平的比赛！我领到这张纸以后，只有几分钟时间准备，在我之后的人有更充裕的时间准备，这是不公平的！"在众人一片惊讶的表情下，他走下讲台，冲出了大厅。之后，比赛顺利进行。

从来就没有绝对的公平，想通过抱怨实现自己想要的公平，那是不可能的。当不公平的事情发生后，与其生气抱怨，不如通过努力来实现公平。抱怨不如改变，生气不如争气。

美国无线电工业巨头萨尔诺夫在面对不公平时就没有消极抱怨，没有生气愤怒，而是努力提高自己。

他出生于一个犹太人家庭，9岁时随父母移居美国，由于家庭的清贫，他读小学时不得不利用放学时间及假日打工，挣点儿钱贴补家用。当他小学快毕业时，父亲又积劳成疾而过早地去世了，他只好辍学当童工。

他没有抱怨父母给自己带来这么一种人生局面，更没有生气郁闷自己怎么这么倒霉，而是非常勤恳地工作，把挣得的一点钱供家里人糊口，并省下几角钱买书自学。

几经周折，萨尔诺夫终于在一家邮电局找到一份送电报的工作。他发誓从此要掌握电报技术，以后当电报业的老板。在今天看来，电报业已淡出人们的日常生活，但在20世纪初却是刚问世的先进科技呢！

他坚持了10多年的努力，把工资收入最大限度地节省下来。他白天卖力地工作，晚上读电工夜校，获得了老板赏识而逐步得到提升。

1921年，他的老板为了发展业务，分设"美国无线电公司"，萨尔诺夫被委任为总经理。此时他已40岁出头，可大显身手了。最后，他终于成为美国无线电工业巨头。

有着"体操王子"之称的李小双，便是这样一个人，与其生气不如争气。他在自己快退役的时候，就开始为自己筹划新的人生蓝图。退役不久，他就和唱片公司签约录制了个人唱片，努力向商业圈子靠拢。

从运动员转型做歌手，其中的艰辛与坎坷是很多的，面临着来自各方面的压力。在他创立李小双体育用品有限公司之初，只有12名追随者。刚开始创业时，面对瞬息万变的市场，李小双很不适应。他曾经接过不少赔本的生意。经过磨炼，靠着永不放弃的干劲，学会了商人的精明和专注。李小双的经商能力在实践中得到了提高，同样他的公司也逐步地发展壮大起来。现在，"李小双牌"的运动用品已经占据了各大商场的专柜。

别以为他的成功就是很容易的，没有谁的成功不是包含着汗水和泪水的。但面对这些，他不生气，而是愈挫愈勇，努力提高自己经商的能力。他的公司会议室里写着这样一句话："年轻没有失败，尝试凝聚成功。"

生活中，我们总是会遇到一些比较困难或者自己不愿意做的事，尽管如此，也不要生气，我们要积极努力地从各方面来提高自己，笑傲一切。

做自己的情绪调节师

作为一名初探歌坛的歌手，他满怀信心地把自制的录音带寄给某位知名制作人。然后，他就日夜守候在电话机旁等候回音。

第一天，他因为满怀期望，所以情绪极好，逢人就大谈抱负。第十七天，他因为情况不明，所以情绪起伏，胡乱骂人。第三十七天，他因为前程未卜，所以情绪低落，闷不吭声。第五十七天，他因为期望落空，所以情绪坏透，拿起电话就骂人，没想到电话正是那位制作人打来的。他为此而毁了前程。

我们在为这名歌手深深惋惜的同时，也更深刻地明白了不良情绪带给人的危害。美国德克萨斯州立大学的史密斯教授，曾经针对受测者情绪的变化及其个人生理心理状态做了一个实验。

他在实验报告中指出：一般人情绪处于焦虑、愤怒、恐惧时，会有一种来自脑下腺的激素——肾上腺皮质刺激素，分泌出来刺激肾上腺，因而影响受测者的生理状态。在这种情况下，受测者极易产生心跳加速、口干、胃部胀痛等生理现象。这种情形如果持续进行，就容易引起心脏病、高血压或胃溃疡等后遗症。

天有不测风云，人有旦夕祸福。日常生活中我们难免会遇到一些挫折、困苦等不愉快的事，而一味地生气、焦虑、怨恨，不但不会使事情好转，反而严重地伤害我们的身心健康。

人不会永远都有好情绪，任何人遇到灾难，情绪都会受到一定影响。这时，你一定要操纵好情绪的转换器。面对无法改变的不幸或无能为力的事，就抬起头来，对天大喊："这没有什么了不起，它不可能打败我。"或者耸耸肩，默默地告诉自己："忘掉它吧，这一切都会过去！"

被称为世界剧坛女王的拉莎·贝纳尔，突遇风暴，不幸在甲板上滚落，足部受了重伤。当她被推进手术室，面临锯腿的厄运时，突然念起自己演戏时曾经说过的一段台词。记者们以为她是为了缓和一下自己的紧张情绪，可她说："不是的，是为了给医生和护士们打气。你瞧，他们不是太正经了吗？"

拉莎·贝纳尔在面对无法抗拒的灾难时，没有恨天怨地，没有抱怨命运不公，相反，她勇敢地跳出悲伤、焦虑，重新燃起生活的激情。

一句"他们不是太正经了吗"，她心中的情绪转换器即调整到了最佳状态！后来，拉莎手术圆满成功，她虽然不能再演戏了，但她还能讲演，她的充满生命热情的讲演，使她的戏迷再次为她鼓掌。情绪是可以调适的，只要你操纵好情绪的转换器，随时提醒自己、鼓励自己，你就能让自己常常有好情绪。那么，当坏情绪突然来临时，如何调适、操纵好情绪的转换器呢？下面的方法可供你参考：散散步，把不满的情绪发泄在散步上，尽量使心境平和，在平和的心境下，情绪就会慢慢缓和。

　　最好的办法是用繁忙的工作去补充，去转换，也可以通过参加有兴趣的活动去补充，去转换。如果这时有新的思想，新的意识突发出来，那就是最佳的补充和最佳的转换。

　　坏情绪会来，也会去。没什么了不起，没什么好恐慌。轻松地面对它，接纳它。它会感谢你的盛情，不再打扰你。

第二章

不为外表迷惑，
学会抵制诱惑

　　在这个世界上，有很多事物都戴着诱人的面具。贪婪的人往往很容易被事物的外表所迷惑，甚至难以自拔，事过境迁再后悔就晚了！因此，我们要不为事物的外表所迷惑。

金钱不是生活的全部

没有金钱是万万不能的，但金钱也并非是万能的。比如人类的亲情，恋人之间的真挚美好情感，是再多的金钱也买不到的。用金钱买来的情感，是会随时跟随金钱的有无而存在或消亡的，更何况是生命呢？

一个黄昏，静静的渡口来了四个人，一个富人、一个官员、一个武士，还有一个诗人。他们都要求老船公把他们摆渡过去。老船公捋着胡子："把你们的特长说出来，我就摆渡你们过去。"

商人掏出白花花的银子说："我有的是金钱。"

官员不甘示弱："你要摆渡我过河，我可以让你当一个县官。"

武士急了："我要过河，否则……"说着，扬起紧握的拳头。

"你呢？"老船公问诗人。

"唉，我一无所有，可我如不赶回去，家中的妻子儿女一定会急坏的。"

"上船吧！"老船公挥了挥手，"你已经显示了你的特长，这是最宝贵的财富。"诗人疑惑着上了船："老人家，能告诉我答案吗？"

"你的一声长叹，你脸上的忧虑是你最好的表白，"老人一边摇船一边说，"你的真情流露，是四人中最宝贵的。"

心灵的真诚是人性最可宝贵的底色。真诚相对，则会有如沐春风、如晤故人之感。权势、金钱、武力不是万能的，它们也有苍白无力的时候。

一位钱币商和一位卖烧饼的小贩，同时被一场洪水困在了一个野外的山冈上。两天后，钱币商身上带的食物都吃光了，只剩下了一口袋钱币。而烧饼贩子则还有一口袋烧饼。

钱币商提出一个建议，要用一个钱币买烧饼贩子一个烧饼。若是在平时，这是再好不过的事了，此时烧饼贩子却不同意，认为发财的机会到了，就提出要用一口袋烧饼换一口袋钱币。钱币商同意了。

一天又一天过去了，洪水还是没有退下去，钱币商吃着从烧饼贩子手里买来的烧饼，而烧饼贩子则饿得饥肠辘辘，最后实在忍不住了，他就提出来要用这口袋钱币买回他曾经卖出的而如今数量已不多的烧饼，钱币商没有完全答应他的条件，只允诺他用5个钱币换一个烧饼。

洪水退去后，烧饼全部吃光了，而一袋钱币又回到了钱币商的手中。

　　钱币商很聪明，也很精明，做人不要贪得无厌，生存就是福。而贪婪的烧饼贩子只看眼前，最后不仅没得到不义之财，"偷鸡"不成反蚀把"米"。

　　在市场经济中，金钱是市场的"通货"，其作用可谓神通广大，可以买到市场上出售的一切东西。于是，便有人推崇"金钱万能论"，便有人不惜牺牲健康来换取金钱。金钱简直成了幸福的代名词。

　　虽然生活中离不开金钱，但钱多了就幸福、快乐吗？事实并非如此，如今许多人钱赚得越多，反而负担越重。金钱的诱惑是个巨大的无底洞，你永远也填不满。如果深陷其中，便只能活在追逐金钱的强大压力与追求不到的懊恼中，深深陷入而不能自拔。

　　在实际生活中，没有钱是不行的，我们总是那样渴望金钱，渴望它带给我们健康，渴望它让我们摆脱困境，渴望它给我们带来舒适生活。这一切，的确无可厚非。可是，一旦对它有过多的贪欲，把它当成生活的唯一目标，一旦心灵完全被金钱占据，那我们便永无安宁之日了，因为它会让我们丧失人格、尊严、友情等，甚至为钱葬送了自己的一生。当一个人被金钱异化时，他就可能什么事情都干得出来。某些人民的公仆，由于贪欲膨胀，会把国家的机密出卖，会把大笔的巨款据为己有，甚至会侵吞国家拨的救灾款……金钱被看作神圣的、万能的、第一位的东西时，人便丧失了生命中一切宝贵的东西，人生便毫无幸福可言，人便不能再称之为人。一个最后"穷"得只剩下钱的人，一定活得很累、很乏味、很空虚。

其实，钱不是我们生活的全部，生活中还有许多远比钱更有意义的东西值得我们去追寻，比如爱情、友谊、健康……有句名言说得好："能用钱买来的都不贵。"不要让钱挡住我们的眼睛，不要让钱成为套住我们心灵的枷锁。做一个洒脱的现代人吧！切记，钱乃身外之物，生不带来，死不带去，如果连生命都丢了，钱再多又有何用？

物极必反，适可而止

"你我皆凡人，生在尘世间。终日奔波苦，一刻不得闲。你既然不是仙，难免有杂念。道义放两旁，把利字摆中间……"这首歌是李宗盛的《凡人歌》。歌中唱出的内容就体现了人的贪婪。

贪婪的人总是不会满足的。有了这个，还想要那个；有了这个好的东西，还想要那个更好的；有了一百万，还想要二百万、三百万……有多少他就想要多少，最想把全世界的东西都占为己有。可是，往往会"物极必反"。

纳粹头子希特勒就是一个例子：

希特勒先把势力范围扩大到邻近的国家。然后，他的贪婪使他把毒手伸向远东及全世界。于是，到最后不但没有征服全世界，却自食恶果而自杀身亡。

在现代社会中，人的贪婪都是表现在物质金钱上。为了金钱可以不顾道义，为了金钱可以置他人于不顾，为了金钱甚至可以不顾兄弟之情、父子之情。可是贪婪的人到最后会有什么好结果呢？为了财富而犯罪的人无一人能逃过法网；为了物质上的享受，有的干部收受贿赂，但最终还是被法律制裁。

有人曾问过一个炒股票的人，怎样才能不把钱输掉。他回答说："要记住两个字：知足。"他说只要一贪婪，连投进去的资本都保不住，血本无归。贪婪者，轻则伤财，重则倾家荡产，锒铛入狱，自食恶果。现代社会充斥着下列现象：人际关系一次用完，做生意一次赚足。以为这样做是聪明的，其实是在断自己的路。

欲望永不满足，这会诱惑着人们追求物欲的最高享受，但是过度地去追求利益往往会使人疯狂，所以，凡事要适可而止，才能把握好自己的人生方向。

几个人在岸边钓鱼，旁边有几名游客在欣赏着海景。只见一位钓鱼者竿子一扬，钓上了一条好大的鱼，足有一尺多长，鱼落在岸上后，仍腾跳不止。可钓鱼者却用脚踩着大鱼，解下鱼嘴内的钓钩，顺手将鱼丢进海里面。

旁边的人发出一片惊呼，这么大的鱼还不能令他满意，可见他的钓鱼雄心之大。

就在众人屏息以待之际，钓者鱼竿又是一扬，这次钓上的还是一条一尺长的鱼，钓者仍然采取了同样的方法，顺手把鱼扔进了海里。

第三次，钓者的钓竿再次扬起，只见钓线末端钓着一条不过几寸长的小鱼。众人以为这条鱼也肯定会被放回海里面了，不料钓者却把鱼解下，小心地放到自己的鱼篓当中。

众人百思不得其解，就问钓者为何舍大而取小。

钓者回答说："哦，因为我家里面最大的盘子也只不过有一尺长，太大的鱼钓回去，盘子也装不下。"

在今天，像钓鱼者这样舍大利取小利的人真是越来越少了，而舍小取大的人却越来越多。俗话说，心地善良、胸襟开阔等良好的品性，才是健康长寿之本。贪图小便宜，终究是要吃大亏的。

有一位农夫和一位商人在战后的街上寻找财物。他们发现了一大堆未被烧焦的羊毛，两个人就各分了一半捆在自己的背上。

归途中，他们又发现了一些布匹，农夫把身上沉重的羊毛扔掉，选些自己能扛得动的较好的布匹；贪婪的商人把农夫所丢下来的羊毛和剩余的布匹统统捡起来，重负让他气喘吁吁、行动缓慢。走了不远，他们又发现了一些银质的餐具，农夫把布匹扔掉，捡了些较好的银器背上，商人却因沉重的羊毛和布匹压得他无法弯腰而作罢。

突然降下大雨，饥寒交迫的商人身上的羊毛和布匹被雨水淋湿了，他跟跄着摔倒在泥土当中；而农夫却一身轻松地回到家中。他把银餐具变卖掉，生活因此富足起来。

大千世界，万种诱惑，什么都想要，会累死你，该放就得放，你才会轻松快乐一生。

牢记目标，克制自己

阿爸带着自己的三个儿子去草原打猎。四人来到草原上，这时阿爸向三个儿子提出了一个问题。

"你们看到了什么呢？"

老大回答说："我看到了我们手中的猎枪，在草原上奔跑的野兔，还有一望无际的草原。"

阿爸摇摇头说："不对。"

老二回答说："我看到了阿爸、哥哥、弟弟、猎枪、野兔，还有茫茫无际的草原。"

阿爸又摇摇头说："不对。"

老三回答说："我只看到了野兔。"

这时，阿爸说："你答对了。"

一个能顺利捕获猎物的猎人只瞄准自己的目标。我们有时之所以不成功，是因为看到的太多，想得太多，禁不住太多的诱惑，失去了自己的目标和方向。一个人只有专注于你真正想要的东西，你才会得到它。

　　人人都渴望成功，但是大部分人都是希望自己成功，而不是一定要成功。不成功就做个普通得不能再普通的凡人也觉着不错，有这样的想法，自然成功的动机不是特别强烈。因此，倘若碰到什么需要付出代价时，就退而求其次了，或者干脆放弃。而成功者之所以成功，是他们发誓一定要成功。真正地追求成功，就要摆正心态，以坚实的精神力量作支撑。

　　美国一位著名的主教讲述的一个故事，说明了坚强的意志对把握人生机会的重要性：

　　一个商人需要一个小伙计，他在商店的窗户上贴了一张独特的广告："招聘：一个能自我克制的男士。每星期4美元，合适者可以拿6美元。""自我克制"这个术语在村里引起了议论，这有点儿不平常。这引起了小伙子们的思考，也引起了父母们的思考。这自然引来了众多求职者。

　　每个求职者都要经过一个特别的考试。

　　"能阅读吗，小伙子？"

　　"能，先生。"

　　"你能读一读这一段吗？"他把一张报纸放在小伙子的面前。

　　"可以，先生。"

　　"你能一刻不停顿地朗读吗？"

　　"可以，先生。"

　　"很好，跟我来。"商人把他带到他的私人办公室，然后把门关上。他把这张报纸送到小伙子手上，上面印着他答应不停顿地读完的那一段文字。阅读刚一开始，商人就放出6只可爱的小狗，小狗跑到小伙了的脚边。这太过分了。小伙子经受不住诱惑要看看美丽的小狗。由于视线离开了阅读材料，他忘记了自己的角色，读错了。当然他失去了这次机会。

就这样，商人打发了70个人。终于，有个年轻人不受诱惑一口气读完了。

商人很高兴。他们之间有这样一段对话。

商人问："你在读书的时候没有注意到你脚边的小狗吗？"

年轻人回答道："对，先生。"

"我想你应该知道它们的存在，对吗？"

"对，先生。"

"那么，为什么你不看一看它们？"

"因为你告诉过我要不停顿地读完这一段。"

"你总是遵守你的诺言吗？"

"的确是，我总是努力地去做，先生。"

商人在办公室里走着，突然高兴地说道："你就是我需要的人。明早7点钟来，你每周的工资是6美元。我相信你大有发展前途。"年轻人的最终发展的确如商人所说。

克制自己是成功的基本要素之一，当你有众多选择时能够更好地深思熟虑，紧紧盯住你的目标。太多的人会因某种喜好、某种诱惑，不能把自己的精力完全投入工作中完成自己伟大的使命。这可以解释成功者和失败者之间的差别。

人生的路上不要迷失

　　现代社会的很多人都被过多的欲求和过分的执著所感染，找不到自己心灵的方向，让自己成为现代精神迷失中的一员。而这种迷失最可怕的后果不是让你去杀人，而是自杀。我们的追求到底是什么？幸福又在哪里？心理学家曾提出这样一个幸福公式：总幸福指数 = 先天遗传素质 + 后天环境 + 主动控制心灵的力量。其中主动控制心灵的力量其实就是找回真正的自己。

　　在北极圈里，北极熊是没有什么天敌的，但是聪明的爱斯基摩人却可以轻易地逮到它。爱斯基摩人是怎么办到的？就是靠上帝给予的智慧吧！

　　他们杀死一只海豹，把它的血倒进一个水桶里，用一把双刃的匕首插在血液中央，因为气温太低，海豹血液很快凝固，匕首就结在血中间，像一个超大型的棒冰。做完这些之后，把棒冰倒出来，丢在雪原上就可以了。

　　北极熊有一个特性：嗜血如命。这就足以害死它了。它的鼻子特灵，可以在好几千米之外就嗅到血腥味。当它闻到爱斯基摩人丢在雪地上的血棒冰的气味时，就会迅速赶到，并开始舔起美味的血棒冰。舔着舔着，它的舌头渐渐麻木，但是无论如何，它也不愿意放弃这样的美食。忽然，血的味道变得更好——那是更新鲜的血，温热的血。于是它越舔越起劲——原来，那正是它自己的鲜血，当它舔到棒冰的中央部分，匕首扎破了它的舌头，血冒出来。这时，它的舌头早已麻木，没有了感觉，而鼻子却很敏感，知道新鲜的血来了。这样不断舔食的结果是：舌头伤得更深，血流得更多，通通吞进自己的喉咙里。最后，北极熊因为失血过多，休克昏厥过去，爱斯基摩人就走过去，几乎不必花力气就可以轻松捕获它。

在我们的生命中，在追求幸福的过程里，我们也很可能如北极熊一样，无法正确认识到问题所在。

一位棋艺高超的老人吃完晚饭到小区公园散步，看到公园里有人下象棋就过去给别人支招儿。但下棋的人却不听老人的话，于是老人非常生气，心想告诉你怎么走，给你支招儿你还不理我，于是老人气愤地接着看下去，眼看这人要输了，这个急啊，但一支招儿，那人还不听老人的。于是老人越来越气，周围的人却突然发现老人脸上开始痉挛，身子一轻倒在地上了。

于是，大家七手八脚地把老人送到医院。一检查，那位老人已经没气了。输棋的人没事，但把看棋的人气死了。这事是不是有点儿荒唐？这是件发生在我们生活中的真事。虽然听起来可笑，但从一方面说明我们每个人都有自己的欲求和执著。而我们生活中的种种痛苦、烦恼、欲求和执著，绝大多数都像看棋的老人一样是自己找来的。

人生不满百，常怀千岁忧！每天早上当你驾车驶入车阵，三环、四环堵车堵得厉害，看着仍然亮着的红灯，你不停地看着手表，一秒一秒地走着。终于绿灯亮了，但你前面的司机却因为思想不集中，而迟迟不启动车子，于是你生气地按了喇叭。前面的司机终于醒来，马上开动车子，而你尾随其后。就算你准时、安全地到了公司，却在那几秒钟把自己置到紧张不快的情绪中。

棋艺高超的老人对求胜的执著，每天开车对自我的执著，其实都是烦恼的来源。

有位这方面的专家曾说过："你不要让小事牵着鼻子走，要冷静，理解别人。"其实我们80％的烦恼都是由自己过分的欲望和执著造成的。打开报纸，你经常会看到这样的信息：前两天有两人跳轻轨自杀；城市癌症患者平均每年增长1.58％……这个世界到底怎么了？

好像社会中绝大多数人都在为自己欲求努力着，但他们这种过分的执著并没有让自己过得更加幸福，生活得更快乐。

处于时刻竞争中的现代人最可怕的瘟疫不是天花、麻风、癌症，而是人们的精神迷失。因为我们往往在竞争、追求和欲望中找不到生活的本来目的，找不到自我。

头脑清醒，不被假象所迷惑

　　贪婪的人往往很容易被事物的表面所迷惑，甚至难以自拔，事过境迁，后悔就晚了！

　　一次，一个猎人捕获了一只能说70种语言的鸟。

　　"放了我，"这只鸟说，"我将会给你三条忠告。"

　　"先告诉我，"猎人回答道，"我发誓我会放了你。"

　　"第一条忠告是，"鸟说道，"做事后不要懊悔。"

　　"第二条忠告是：如果有人告诉你一件事，你自己认为是不可能的就不要相信。"

　　"第三条忠告是：当你爬不上去时，就不要费力去爬。"

　　然后鸟对猎人说："该放我走了吧。"猎人依言把鸟放走了。

　　这只鸟飞起后落在一棵大树上，又向猎人大声喊道："你真愚蠢。你把我放掉了，但你却不知道在我的嘴里还有一颗价值连城的大珍珠。正是这颗珍珠使我变得这样聪明。"这个猎人很想再去捕捉那只放飞的鸟。他跑到树跟前并开始爬树。然而当他爬到一半时，他掉了下来并摔断了双腿。

鸟嘲笑他并向他喊道："笨蛋！我刚才告诉你的忠告你全都忘掉了。我告诉你一旦做了一件事就不要懊悔，而你却后悔放了我。我告诉你如果有人对你讲你认为不可能的事，就不要相信，而你却相信像我这样一只小鸟的嘴中会有一颗很大的珍珠。我告诉你如果当你爬不上去时，就不要强迫自己去爬，而你却追赶我并试图爬上这棵大树，结果掉下去摔断了双腿。这个箴言说的就是你：'对聪明人来说，一次教训比蠢人受一百次鞭挞还深刻。'"

说完，鸟就飞走了。

人们因为贪婪常常会犯傻，什么愚蠢事都会干得出来。因此，任何时候都要有自己的主见和辨别是非的能力，不要被假象所迷惑。

随着教育形势的改革与发展，私立学校异军突起，如雨后春笋风起云涌，各级各类学校林林总总。其中不乏有办学理念超前、实力雄厚、管理规范、质量一流的信得过学校，但也有不择手段诱骗生源的。因此，在这里告诉广大学子和家长，一定要擦亮眼睛，不要被假象所迷惑。

某私立学校一教师为了完成学校既定的招生指标，领到中介费，在故乡四处游说招摇撞骗，说他任教学校管理一流，师资一流，质量一流。为此，许多急于给孩子找个学校读书的家长便被这些人华而不实的招生广告所骗。

没过多久，这人被学校解雇，他打一枪换一个地方在另外一所私立学校"高就",又逢暑期,他摇身一变又风光地出现在他熟悉久违的故乡,重施伎俩,从容镇定地开始了又一轮招生宣言和鼓动煽骗,大言不惭地说原来的学校的教师如何一团糟、质量怎么一塌糊涂等。

当遇到这种人时,家长们千万不要相信,不要被他们的花言巧语蒙骗。

不要被眼前的利益所迷惑

一天，一个孩子追逐一只猫，想抓住它。这只猫仓皇奔跑，一头钻进厨房里，突然，"砰"的一声，它将一瓶蜂蜜打破了。

蜂蜜洒了出来，甜味弥漫在院子里。有一群苍蝇被蜂蜜的甜味吸引，纷纷从窗外飞进来，停在蜂蜜的黏液上大快朵颐。

它们没注意到双脚已被蜂蜜粘住了，依然享受着蜂蜜的甜味，没多久，它们飞不开也动不了，身体渐渐地凝在蜂蜜里。

这群苍蝇越是想挣脱，越是被粘得牢，最后，用尽了力气也没有逃离。断气前，它们嘶吼着："我们真是傻，为了一点甜头，竟然害了自己。"

这个故事告诉我们目光短浅的人往往为了享受一时之快，贪图蝇头小利，最终害了自己。人最容易被眼前利益所迷惑而忘了长远利益，不要被微小的成就所诱惑，因为那样会使你安于微小。

美国第九位总统威廉·亨利·哈里森小时候曾有一段时间被人认为很傻。为什么呢？邻居们做过这样的试验：拿出一个五分的硬币和一个十分的硬币，让小哈里森从里头挑一个，小哈里森每次都拿那个五分的。每次都屡试不爽，大家均以此为乐。

一个外地人路过此地，听说这件事后，感到很奇怪，于是亲自试验了一回，果然和大家说的一样。外地人仔细观察小哈里森的言行后，拍拍他的肩膀笑着说："小朋友，你一点儿也不傻，你很聪明。"小哈里森也笑了。外地人没有再说什么就走了，邻居们都感到有些纳闷。后来，终于有人想明白了为什么：如果小哈里森拿了十分的硬币，下次就不会有人去做这样的试验了，他每次五分的收入也将终止。小哈里森原来是弃眼前的小利来保留长远的利益，小小年纪，就有这样的长远眼光，可真了不起！邻居们都赞叹不已。

一个人在成功的道路上要能走远，首先他得站得高、看得远。只有看得长远，他才能对自己以后要做的事情心里有底，才知道自己行进的方向，以及需要为此采取什么样的行动。

眼光长远的人往往不容易被眼前的得失所迷惑。有很多成功人士的例子都说明了这一点。他们有的面临着金钱的诱惑，有的经历了困境的阻挠。但他们往往能够执著于自己的梦想，从而摆脱眼前利益的诱惑，冲破困境的束缚。因为他们能够很清楚地看到未来的图景，所以他们能意志坚定、矢志不移。

短视者只能迎接失败，即使他们曾经拥有过很优越的条件。他们往往被眼前的利益所迷惑，在透支享受今天的同时，忘记或忽略了给明天播种，最后只能被明天抛弃。眼前的利益或许更具诱惑力，但你必须知道有所失才能有所得，也许你暂时失去了眼前的利益，但是你却能在未来的日子里收获甚丰。

　　所以，眼光长远的人往往能走在时代的前沿。他能看见别人所看不见的东西，掌握事物发展的未来趋势，因而能先行一步。在我们这个竞争日趋激烈、创业变得愈加艰难的时代里，这是成功不可或缺的元素。

第三章

不虚荣不计较，
过自己的日子

　　生活中总有一些爱慕虚荣的人。他们总是羡慕别人所拥有的一切，总是不顾自己的能力就去追求物欲，为了面子而给自己找罪受。兜里明明没有几个钱了，却仍要请朋友进高档饭馆好好吃一顿；与人谈天，总要有意无意与别人说一些自己吃过的大餐，去过的高级场所。这样活着多累啊，不要这份虚荣，面对现实好好过自己的日子吧！

不要死要面子活受罪

　　爱面子是中国社会普遍存在的一种心理，面子行为反映了中国人尊重与自尊的情感和需要，丢面子就意味着否定自己的才能，这是万万不能接受的。于是有些人为了不丢面子，通过"打肿脸充胖子"的方式来显示自我。

　　生活中，总有一些爱慕虚荣的人为了面子而自己给自己找罪受。有些人越是没钱，越爱装阔，兜里明明没有几个钱了，却仍要请朋友进高档饭馆好好吃一顿；与人谈天，总要有意无意与别人说一些自己吃过的大餐，去过的高级场所。仔细想想，要这虚荣有何用呢？只是自己给自己找罪受。吃好喝好体面了满足虚荣之后，自己却食无米，穿无衣，居无所，行无鞋，何苦呢？由此想到一个比喻：死鸡撑硬脚。鸡虽然死了，可它的脚却还在硬撑着。想想确实有点儿可笑，死都死了，还硬撑个什么劲儿啊？！

　　其实完全没有必要，面子不是自尊，完全没有必要死要面子活受罪。来看一则寓言故事：

　　有一只老海龟已经一百岁了，是大海中的老寿星，大家都很尊敬他。老海龟喜欢和小海龟们海阔天空地谈他的遇险记，说自己遇到危险时是如何斗智斗勇安然脱险的。

小海龟们听了老海龟的话，个个佩服得五体投地，尊称他是"智勇双全的老爷爷"。

老海龟平时也很注意自己的形象，一举一动都很小心谨慎，处处表现出长者的风度。一天，老海龟来到沙滩上，他见几只小海龟在不远处的一块大石头上玩，就爬了过去。老海龟想爬到大石头上去，给小海龟们再讲讲他的历险记。大石头并不高，以前老海龟经常爬上去玩，这一次，他却每次爬上去就滑了下来，怎么也爬不上去了。小海龟们对老海龟说："您年纪大了，动作不灵活了，让我们拉您一把吧！"

老海龟想，自己是大名鼎鼎的百岁老海龟，如果让小海龟帮忙，岂不大失面子，他故意笑着说："谁说我爬不上去，再高的石头我都爬过，刚才我只不过是先活动活动四肢，等会儿再爬上去。"

老海龟在沙滩上稍稍休息了一会儿，深吸一口气，使出浑身的劲儿向大石头上猛冲。哪知他用力过猛，身体失去重心，四脚朝天跌倒在沙滩上。小海龟们见了，都大吃一惊，关心地问老海龟是否受伤，要去帮他把身体翻转过来。

老海龟摆摆手，故作轻松地对小海龟们说："你们别大惊小怪，我是故意仰面朝天躺着的，这样我的胸部就可以晒到温暖的阳光，多么舒服啊！"

过了一会儿，小海龟们一起跳入大海，游到别处去了。老海龟这才舞动四肢并且伸长脖子，想把身体翻转过来，可是无论他怎么努力，都翻不过来。几个渔民正好经过海滩，轻而易举就抓住了这只百岁老海龟，高高兴兴地把他抬了回去。

老海龟想，如果刚才不是为了顾及面子，而是让小海龟们帮助把身体翻转过来的话，自己也不会落得如此下场。他叹了口气，自我安慰道："还好，自己被抓时的狼狈相没有让小海龟们看到，总算没有在他们面前失面子。"

不要以为老海龟笨，有人比它更笨：

阿强刚参加工作不久，一个朋友到这个城市看他。阿强陪着朋友在这个小城转了转，就到了吃饭的时间。阿强身上只有50元钱，这已是他所能拿出招待对他很好的朋友的全部资金了，他很想找个小餐馆随便吃一点儿，可朋友却偏偏相中了一家很体面的餐厅。阿强没办法，只得硬着头皮随她走了进去。

两人坐下来后，朋友开始点菜，当她征询阿强意见时，阿强只是含混地说："随便，随便。"此时，他的心中七上八下，放在衣袋中的手紧紧抓着那仅有的50元钱。这钱显然是不够的，怎么办？

可是朋友一点儿也没注意到阿强的不安，她不住口地夸赞这儿可口的饭菜，阿强却什么味道都没吃出来。

结账的时刻终于来了，彬彬有礼的侍者拿来了账单，径直向阿强走来。阿强张开嘴，却什么也没说出来。

朋友温和地笑了，她拿过账单，把钱给了侍者，然后盯着阿强说："阿强，我知道你的感觉，我一直在等你说'不'，可你为什么不说呢？要知道，有些时候一定要勇敢坚决地把这个字说出来，这是最好的选择。我来这里，就是想让你知道这个道理。"

人都会有很强的自尊心，都会爱惜自己的面子，谁也不愿意自己脸上无光。现实生活中，人们往往遵循"树活一张皮，人活一口气"的原则，这口气如果不顺畅的话，就会感觉自尊心遭受打击，面子受到损伤。

所以人们往往在面子与利益的权衡上，采取一种务虚而不务实的态度，把面子放在第一的绝对不可动摇的位置，甚至不惜伤害自己以争面子，比如"不蒸馒头蒸（争）口气""宁可伤身体而不肯伤感情""死要面子活受罪"等，都是损害自己以争面子的做法，若不是万分必要，切不可轻举妄动。

孔子说："礼之用，和为贵。"这里的"和"不是"和睦"的意思，而是要求人们在施行礼仪的过程中节制欲望冲动，量力而行，不可过度讲排场、撑脸面。面子问题与我们每个人息息相关。但现实生活中面子是靠别人给的，还是自己争取的呢？

如果我们自身各方面做得都很好的话，别人就会由衷地佩服你，会向你投出欣赏的眼光。这样，我们活着才会有更多的自豪感和成就感。自身做得不好，自然也就没有多少面子可言了。有没有面子都是自己挣来的，完全没有必要和别人争抢。

究其爱面子的心理，根源就在于怕别人瞧不起自己，内心忐忑不安，所以当他们面对一件商品时，往往考虑虚荣比考虑价格的时候多，没钱的自卑像魔鬼一样缠得他们犹豫不决，最终屈服于虚荣，勉强买下自己能力所不能及的东西。于是，社会中有了一种怪现象，越穷的人越不喜欢廉价品，越是没有钱的人，就越爱花钱去显示自己。

其实，真正有钱的人未必如此大手大脚。有一个人身兼数家公司的董事长，他从来不在乎别人对他的称呼——小气财神。他和朋友去餐馆吃饭时，大都随便点一些菜，几杯清茶，仅此而已。他的衣着也很普通，但整洁，并不是什么名牌。他的车子也不是什么豪车，就是普普通通的一辆车而已。他的公司业绩很好，而且个人的资产也不菲，但他丝毫没有为虚荣所累。

如果你再留心看那些旅游观光的外国客人，他们的穿着打扮都是很随便和俭朴的，有的真是近于邋遢，事实上，这些人中不乏富豪。

面子有时是唬人的面具，光为面子活着是很累很可悲的。其实，一个人有无面子的关键不是富与不富的问题，而在于一个人的品德。有时，"里子"比面子更重要。

真正的智慧，是存在于平易之中的。喜欢把富有显露在外的人，大都欠缺沉稳之气，有浅薄肤浅之心。还是客观实际一些，让"里子"充实一些，拥有一份平实的内涵，拥有一份坦荡的快乐，有什么不好？

不要有攀比心理

某机关有一位小公务员，过着安分守己的平静生活。有一天，他接到一位高中同学的聚会电话。十多年未见，小公务员带着重逢的喜悦前往赴会。昔日的老同学经商有道，住着豪宅，开着名车，一副成功者的派头，让这位公务员羡慕不已。自从那次聚会之后，这位公务员重返机关上班，好像变了一个人似的，整天唉声叹气，逢人便诉说心中的烦恼。

"这小子，考试老不及格，凭什么有那么多钱？"他说。

"我们的薪水虽然无法和富豪相比，但不也够花了嘛！"他的同事安慰说。

"够花？我的薪水攒一辈子也买不起一辆好车。"公务员懊丧地跳了起来。

"我们是坐办公室的，有钱我也犯不着买车。"他的同事看得很开。但这位小公务员却终日郁郁寡欢，后来得了重病，卧床不起。

有一项调查表明，95%的都市人都有或多或少的自卑感，在人的一生中，几乎所有的人都会有怀疑自己的时候，感到自己的境况不如别人。

这是为什么呢？潜藏在人心中的好胜心理、攀比心理是这一问题的根源。我们总把他人当作超越的对象，总希望过得比别人好，总拿别人当参照物，似乎没有别人便感觉不到自身存在的价值。于是，工作上要和同事比：比工资、比资格、比权力；生活上要和邻居比：比住房、比穿着、比老婆，就连孩子也不放过，成了比的牺牲品。既然是比，自然要比出个高下，比别人强者，趾高气扬；不如别人者便想着法子超过他，实在超不过便拉别人后腿，连后腿也拉不住者便要承受自卑心理的煎熬。

如果我们能持一种积极的态度去和别人比较，不如别人时便积极进取，争取更上一层楼；比别人强时便谦虚谨慎，乐观待人，岂不更好？

在一家公司当干事的老王，就是因为自己被少评一级职称，少长两级工资，便耿耿于怀，终日喋喋不休，有时甚至破口大骂，已发展到精神失常状态。朋友劝其想开些，他根本听不进去，不久得绝症去世了。细想起来，实在不值得。如果早早自我调节，看到人家事业有成时，如果自己从中看到了努力的方向，脚踏实地，好好工作，也许下一次涨工资的就是自己了。总之，如果能及时调整心态，结局就不会如此了。

所以人比人是不是能气死人，就看我们怎么比，看我们能否调整自己的心态。

事实上，天外有天，人外有人，我们不可能在任何方面都比别人强，胜过别人。太要强的人，一味和别人比，结果由于心灵的弦绷得太紧了，损耗精神，很难有大的作为。

雨果在《悲惨世界》中说："全人类的充沛精力要是都集中在一个人的头颅里，全世界的知识要是都聚集于一个人的脑子里，这种状况，如果要延续下去，就会是文明的末日。"古人说，闻道有先后，术业有专攻。每一个人都有自己的特长，也都有自己的短处，一个人只要在自己从事的专业领域中有所成就便不虚此生。千万不要因看到别人的一点长处就失去心理平衡。每一个人把自己该做的做好是最重要的，最好不要与别人比高低。每一个人在这个世界上都具有独一无二的价值，就像人的手指，有大有小，有长有短，它们各有各的用处，各有各的美丽，我们能说大拇指就比小拇指重要吗？

一味和别人比是件不聪明的事，因为即便胜过别人，又会有"枪打出头鸟，出头的椽子先烂"的危险。古人云："步步占先者，必有人以挤之；事事争胜者，必有人以挫之。"生活中也确实是这样，如果一个人太冒尖，在各方面胜过别人，就容易遭到他人的嫉妒和攻击；而与世无争者反而不会树敌，容易遭人同情，所以说"人胜我无害，我胜人非福"。

其实，最好的处世哲学还是不与人比，做好自己的事，每个人都有自己的生活方式，有自己存在的价值和理由，干吗要和别人比呢？如果心里难受，实在要比的话，倒不如把自己当作竞争对手，和自己的昨天比，这样既不会招惹是非恩怨，自己还能更上一层楼，岂非自求多福？

不要过分地和别人攀比，别人有别人的生活，我们有我们的目标，幸福的形式是多样的，鞋子合不合脚，只有穿鞋的人知道，别人都是毫不知情的旁观者而已。同样的道理，别人的痛苦我们感受不到，我们看到的别人所谓的幸福极可能只是一种假象：一个住别墅的商人可能欠债百万，一个开跑车的企业家可能已经濒临破产，一对手挽手走进饭店的夫妻可能刚刚协议离婚……所以不要把自己的幸福定位在别人身上，实实在在地过自己的日子吧！

不比较，学会知足

这世间，有的人家财万贯、锦衣玉食，有的人仓无余粮、柜无盈币；有的人权倾一时、呼风唤雨，有的人抬轿推车、谨言慎行；有的人豪宅香车、娇妻美妾，有的人丑妻、薄地、破棉衣……一样的生命不一样的生活，常让我们心中生出许多感慨。

看到人家结婚，车如龙、花似海，浩浩荡荡，既体面又气派。想想当年自己，几斤水果、几斤糖，糊里糊涂就和自己的男人结了婚，心里就屈。

看到人家朝有提拔，暮有进步，今日酒吧，明日茶楼，而自己却总在原地，窝在家里，像只冬眠的熊，心里就酸。

看到人家儿成龙、女成凤，而自家小子又倔又犟没出息，心里就怨……

看看别人，比比自己，生活往往就在这比来比去中比出了怨恨，比出了愁闷，比掉了自己本应有的一份好心情。

凡事总是与别人比较，或许是人的一种天性。看到人家好，人家强，凡夫俗子哪个不心动？就算是道人法师，也要三声"阿弥陀佛"，才能镇住自己的欲望和邪念。生活的差别无处不在，而攀比之心又难以克制，这往往给人生的快乐打了不少折扣。但是，假如我们能换一种思维模式，别专拣自己的弱项、劣势去比人家的强项、优势，那样我们活得就会轻松许多。要把眼光放低一点，学会俯视，多往下比一比，生活想必会多一份快乐、多一份满足。

正如一首诗中所写："他人骑大马，我独跨驴子，回顾担柴汉，心头轻些儿。"再说骑大马的感觉也并不一定就是我们想象的那么好，也许跨着驴子，优哉游哉，尚能领略一路风光，更感悠闲、自在。

理性地分析生活，我们也会发现：其实，生活对每一个人都是公平、公正的，没有偏袒。人生是一个短暂而漫长的过程，在这个过程中每个人所拥有和承受的喜怒哀乐、爱恨情仇都是一样的、相等的。这既是自然赋予生命的权利，也是生活赋予人生的权利，只不过我们享用、消受的方式不同而已。这不同的方式，便演绎出不同的人生。于是，有的人先苦后甜；有的人先甜后苦；有的人大喜大悲、有起有落；有的人安顺平和、无惊无险；有的人家庭不和，但官运亨通；有的人夫妻恩爱，却事业受挫；有的人财路兴旺，但人气不盛；有的人俊美娇艳，却才疏德亏；有的人智慧超群，可相貌不恭……正如古人所说，"佳人而美姿容，才子而工著作，断不能永年者。"人间没有永远的赢家，也没有永远的输家，这一如自然界中，长青之树无花，艳丽之花无果；雪输梅香，梅输雪白。

有一妇人，年轻的时候，貌美如花，贤惠能干，可嫁人10年，就死了三个丈夫，当年一双水灵灵的眼睛硬是被泪水泡得浑浊痴呆。当她的第三个丈夫撒手而去的时候，她发誓不再嫁人。她拉扯着儿女守寡至今，现在已经60多岁了。几十年来，村子里的人压根儿就没见她笑过，大家同情她、可怜她，说她命真苦。可就是这么个命苦的人，养的一儿一女却格外争气，双双考取名牌大学，并都在京城成家立业。两兄妹亲自开着轿车回来，把母亲接到北京。

那会儿，老人僵硬的苦脸终于露出了欣慰的笑容，乡亲们也第一次向老人投去羡慕的眼光，大家都感慨地说，真是苦尽甘来。是啊，也许这就是生活，有苦有甜，有悲有喜，有山穷水尽之时，也有峰回路转之日。

俗话说，人生失意无南北。确实，宫殿里有悲哭，茅屋里有笑声。只是，平时生活中，无论是别人展示的，还是我们所关注的，总是其风光的一面、得意的一面，

幸福的人不会偏执地去追求那些他们没有的东西。我们应该学着从自己的拥有中获得幸福，学会满足的艺术，满足于自己所拥有的，我们就能变得快乐。

不要总去嫉妒他人

嫉妒是一种非常令人不快的情感。当我们完全被嫉妒的情感所淹没，心中感到刺痛时，我们感觉非常不好，自己像处于绝对的"劣势"，并且相信，与别人相比，我们受到了极不公平的待遇，而且连任何改变这种状况的可能性都不存在。

这种感觉伤害了自我价值感，不论承认与否，我们的自我价值感失去了平衡，必须重新进行调整。这种伤害使我们生气、恼怒，并产生破坏性，但这一切都不是公开的，是隐秘的。

嫉妒总是这样一种形象：阴沉着脸，生活空间没有阳光，没有温暖和感动，时刻为焦虑所煎熬，想要把他人的东西或者有利条件据为己有。天长日久，生活在嫉妒之中的人容易让他人厌倦。

嫉妒是痛苦的最大制造者，更是心灵上的一颗毒瘤。嫉妒就如同一条毒蛇，一旦被它缠上，那么生活中就会出现太多的不平和抱怨，甚至是愤恨。

上帝是不公平的，于是便有了贫穷与富贵、善良与邪恶、美丽与丑陋、成功与失败、幸福与不幸。上帝又是公平的；它给了你金钱，往往就要夺走你的真诚与善良；它给了你成熟，往往就要夺走你的年轻和纯真；它给了你美貌，往往就要夺走你的智慧和毅力；它给了你成功，往往就要夺走你的健康和幸福……其实，羡慕别人所得到的，不如珍惜自己所拥有的。

莎士比亚曾经说过："像空气一样轻的小事，对于一个嫉妒的人，也会变成天书一样坚强的确证；也许这就可能引起一场是非。"如果发现自己身上开始有了羡慕甚至是嫉妒的苗头，不妨用用下面的处方。

处方一：树立正确的价值观

我们所谓的成功并不是和别人进行攀比，成功有好多种：改善生活、体现自身价值、为他人做贡献等。因此，当发现别人在某一方面超过你的时候，你一定要告诉自己，自己肯定也有某一方面是超过别人的。这表面上看是在安慰自己，可实际上是让自己树立一种正确的价值观，有了正确的价值观就能在别人有成绩时，肯定别人的成绩，并且虚心地向对方学习。

处方二：树立健康的竞争心理

如今的竞争无处不在，有人成功，有人失败。当看到别人在某些方面超过自己的时候，不要盯着别人的成绩怨恨，更不要企图把别人拉下马。如果你这样做了，就表明你的竞争心理是不健康的。

在自己不如别人的时候，与其嫉妒抱怨，不如在"干"字上狠下工夫，努力努力再努力，直到你成功的那一天。

处方三：提高心理健康水平

一个心理健康的人，总是胸怀宽阔，做人做事光明磊落，即便看到别人在某些方面超过自己，也不会眼红，只会衷心地表示祝贺；而心胸狭窄的人则恰恰相反，表面上是祝贺，而实际上是嫉妒，恨不得把对方的成绩毁得一干二净。

一条河隔开了两岸，此岸住着凡夫俗子，彼岸住着出家的僧人。凡夫俗子看到僧人们每天无忧无虑，只是诵经撞钟，十分羡慕他们；僧人们看到凡夫俗子每天日出而作、日落而息，也十分向往那样的生活。日子久了，他们都各自在心中渴望着：到对岸去。

终于有一天，凡夫俗子和僧人达成了协议。于是，凡夫俗子过起了僧人的生活，僧人过上了凡夫俗子的日子。

没过多久，成了僧人的凡夫俗子就发现，原来僧人的日子并不好过，悠闲自在的日子只会让他们感到无所适从，便又怀念起以前当凡夫俗子的生活来。

成了凡夫俗子的僧人也体会到，他们根本无法忍受世间的种种烦恼、辛劳、困惑，于是也想起做和尚的种种好处。

又过了一段日子，凡夫俗子和僧人各自心中又开始渴望着：到对岸去。

在一个地方待久了，便想去一个新的地方，生命大抵如此。正是因为太熟悉了，也便忽略了它的美。当我们到了对岸，才知道原来我们待着的地方，也是那样的美丽。

总是在羡慕嫉妒别人，这大概是人们的一种共同天性，只是程度不同罢了。小孩子仰慕大人的成熟稳重，大人也会顾念小孩子的清纯率直；女孩子向往男孩子的坚强豪放，男孩子也会偷偷艳羡女孩子的娇嗔灵动；普通人往往钦慕名人的卓越尊显，名人又何尝不垂涎普通人的平凡自适……

可以说，羡慕往往都是相互的，孩子往往羡慕大人，大人也往往羡慕孩子；普通人往往羡慕名人，名人也往往羡慕普通人。试想我们在羡慕别人的时候，自己也是别人眼中的风景。

不要只知道羡慕嫉妒别人的成功，你要学着欣赏自己。当然，这同时也意味着，任何时候都不要因自己的位置炫耀自己，任何时候都不要因别人的位置贬低别人。与其羡慕嫉妒他人，不如多欣赏自己吧！

不要在乎他人的评价

哲人有一句话说得好，"棍棒、石头或许会击伤你的肋骨，但语言无法伤害我"。总之，对于流言蜚语和议论，我们大可不必放在心上。有一句话曾经非常流行：走自己的路，让别人去说吧！心理学家对此有科学的解释，他们认为，大多数情绪低落、不能适应环境者，都是因为缺乏自知之明。他们自恨福浅，又处处要和别人相比，总是梦想如果能有别人的机缘，便将如何如何。其实，只要能客观地认识自己，就能走出情绪的低谷，激发出超越的激情来。可以说，那些令无数人羡慕不已的成功人士，他们之所以能够取得伟大的成就，正是因为能够超越大多数人的标准，不为别人的评价所左右。

美国著名企业家迈克尔在从商之前，只是一家酒店里的普通服务生，他每天的工作，也就是替那些有钱人搬行李、擦汽车。不过，年轻的迈克尔并没有像他的同事们那样甘于平庸。

有一次，一位客人将他的豪华的劳斯莱斯轿车停放在酒店门口，吩咐迈克尔将车擦干净。当时的迈克尔还是一个没有见过多少世面的毛头小子，他还是第一次看到这么漂亮的汽车，所以，等擦完车子之后，他忍不住打开车门，想要坐进去享受一番。谁知就在他屁股还没坐稳的时候，酒店领班正好走了过来，领班一看到迈克尔竟然坐在客人的轿车里，便大声呵斥道："你疯了吗？也不知道自己的身份和位置，像你这种人，一辈子也不配坐劳斯莱斯！"

迈克尔虽然知道自己犯了错，可是他感觉到自己的人格受到了污辱，他当时只有一个念头：我发誓，这一辈子不仅要坐上劳斯莱斯，而且要拥有自己的劳斯莱斯！

信念的力量就是这样的强大，至少是在这种力量的鼓舞下，迈克尔后来并没有像其他同事一样一直替人搬行李、擦车，最多做一个领班，而是拥有了自己的事业，当然也拥有了自己的劳斯莱斯。

让我们再来看一看下面的这些案例：

爱因斯坦4岁才会说话，7岁才会认字。老师给他的评语是："反应迟钝，不合群，满脑袋不切实际的幻想。"他因此曾被劝退学。

牛顿在小学的成绩一团糟，曾被老师和同学称为"呆子"。

罗丹的父亲曾抱怨自己生了个白痴儿子，在众人眼中，罗丹曾是个没有前途的学生，艺术学院考了三次他还考不进去。

托尔斯泰读大学时，因为成绩太差而被劝退学。老师认为："他既没有读书的头脑，又缺乏学习的兴趣。"

……

试想，如果这些人后来不是"走自己的路"，而是被别人的评论所左右，他们又怎么能取得举世瞩目的成就呢？

现实中，每个人都在不断地检视着自己的特性和特质，包括许多与生俱来的，比如性别、长相、种族，等等。同时，更多的人则只是从周围世界所了解到的标准和印象来评断自己，比如对于体形——"苗条就是美"，青春——"你们是早晨八九点钟的太阳，希望寄托在你们身上"，学历——"文凭就是铁饭碗"……

然而，别人的评价说到底不能判定你的现在，更不可能预测你的未来，因为只有你自己才真正了解你的优点和弱点，也只有你才能掌握自己的未来，除此之外，别人都不可能真正左右你。从这一点上讲，你需要不断为自己打分，并且实事求是地评价自己，而绝不能有自卑的心理。

4

豁达是至高的人生境界

豁达是一种至高的人生境界，是一种高尚的道德修养，是一种优秀的传统美德。豁达是原谅可容之言、包涵可容之人、饶恕可容之事，时时宽容，事事忍让。只有这样才能让自己达到宠辱不惊的境界，创造安宁的心境。

豁达是一种情操，更是一种修养。只有豁达的人才真正懂得善待自己，善待他人，生活才充满快乐。

豁达也有程度的区别，有些人对容忍范围之内的事会很豁达，一旦超出某种限度，他就会突然改变，表现出完全相异的反应。最豁达的人，则具有一种游戏精神，将容忍限度扩大。

有这样一个故事：一个身经百战、出生入死、从未有畏惧之心的老将军，解甲归田后，以收藏古董为乐。一天，他在把玩最心爱的一件古瓶时，差点儿脱手，吓出一身冷汗，他突然若有所悟："当年我出生入死，从无畏惧，现在怎么会吓出一身冷汗？"片刻后，他悟通了——因为我迷恋它，才会有忧患得失之心，破除这种迷恋，就没有东西能伤害我了，遂将古瓶掷碎于地。

豁达者的游戏精神，即是如此。既然他把一切视为一种游戏，尽管他同样会满怀热情，尽心尽力地去投入，但他真正欣赏的只是做这件事的过程，而不是目的——游戏的乐趣在于过程之中。那么，他也就解除了得失之心的困扰。

豁达才会赢得拥戴，一个领导者必须有宽广的心胸，才能容下形形色色的下属、各种人的脾性和工作中的各种压力，站在自己事业的高处。

一位德高望重的长者，在寺院的高墙边发现一把坐椅，他知道有人借此越墙到寺外。长老搬走了椅子，凭感觉在这儿等候，午夜，外出的小和尚爬上墙，再跳到"椅子"上，他觉得"椅子"不似先前硬，软软的，甚至有点儿弹性。落地后小和尚定眼一看，才知道椅子已经变成了长老，原来他跳在长老的身上，是长老用脊梁来承接他的。小和尚仓皇离去，这以后一段日子他诚惶诚恐等候着长老的发落。但长老并没有这样做，压根儿没提及这"天知地知你知我知"的事。小和尚从长老的宽容中获得启示，他收住了心再没有去翻墙，而是通过刻苦的修炼成了寺院里的佼佼者。若干年后，他成为这座寺院的长老。

无独有偶，有位老师发现一位学生上课时，时常低着头画些什么。有一天，他走过去拿起学生的画，发现画中的人物正是龇牙咧嘴的自己。老师没有发火，只是憨憨地笑了笑，要学生课后再加工一下，画得更神似一些。自此那位学生上课时再没有画画，各门课都学得不错，后来他成为颇有造诣的漫画家。

　　通过上面的例子，我们可以归结出一点：主人公以后的有所作为，与当初长老、老师的宽容不无关系，宽容是一种无声的教育，可以说是宽容唤起的潜意识纠正了他们的人生之舵。

　　如果长老搬去椅子对小和尚施以惩罚，"杀一儆百"也是合情合理的，小和尚也许会从此收敛，但可能不会真正地反省。同样，如果老师对学生的恶作剧大发雷霆并且狠狠地加以批评，可能学生以后再也不敢在课堂上干别的事情了。但是，在学生的心中会留下伤痕，可能谈不上后来的成就了。

　　在日常生活中，当有人在背后传播你的谣言，或是说你的坏话时，你是想找机会报复他，还是不与他争执，宽容他呢？当你的亲戚或挚友有意无意地做了对不起你的事，你是与他从此绝交，还是默默承受来宽容他呢？如果你是一个处事冷静的人，那么你应该选择宽容，这样的选择对自己、对他人都有好处。因为宽容不仅可以使自己从仇恨与烦恼中解放出来，天天都有好心情，还可以让自己的身体因放松而健康，更能让我们在和谐中交际，拥有好人缘。

第四章

学会享受压力，

拒绝心浮气躁

现代社会是一个充满压力的社会。每个人都在压力中生存，差别仅是压力的大小和对压力承受能力的不同而已。可以说压力与我们相伴一生，如果不能和压力好好相处，压力就会成为我们人生成功的绊脚石，而让我们疲惫或失望，甚至会失去生活的兴趣。既然压力不可避免，那么就让我们与压力共舞吧！

丢弃心浮气躁的心理

浮躁心理是现代人的通病之一。表现为行动盲目，缺乏思考和计划，做事心神不定，缺乏恒心和毅力，见异思迁，急于求成，不能脚踏实地。比如，有的人看到歌星挣大钱，就想当歌星；看到企业家、经理神气，又想当企业家、经理，但又不愿为了实现自己的理想努力学习。还有的人兴趣、爱好转换太快，干什么事都没有长性，今天学绘画，明天学电脑，三天打鱼两天晒网，忽冷忽热，最终一事无成。

张某是某事业单位的普通干部。他主动找到心理医生讲述自己的苦闷："我近一年来一直心神不定，老想出去闯荡一番，总觉得在我们那个破单位待着憋闷得慌。看着别人房子、车子、票子都有了，我心里慌啊！以前我也曾炒过股，倒过一些货，但都是赔多赚少。我去摸奖，一心想摸成个万元户，可结果花几千元连个响都没听着就没有影了！后来我又跳了几家单位，不是这个单位离家太远，就是那个单位专业不对口，再就是待遇不好，反正找个合适的工作太难了！后来听说某人很有钱，于是写了信去，说自己好困难，可他们连信也没回，气得我去信大骂了一顿。为此，我心里也确实感到非常失衡，我心里就是不踏实、闷得慌。"

　　产生浮躁的主观原因是个人间的攀比。通过攀比，对社会生存环境不适应，对自己的生存状态不满意，于是过度的欲望油然而生。个人奋斗又缺乏恒心与务实精神，缺乏对自己的智力与发展能力的准确定位，从而失去自我。然而，当浮躁使人失去对自我的准确定位，使人随波逐流、盲目行动时，就会对家人、朋友甚至社会带来一定的危害。

　　在这个瞬息万变的物质世界中，其实人人都可能有过浮躁的心理。对那些意志坚强的人而言，这也许只是一个念头而已。一念之后，还是该做什么就做什么，不会迷失了方向。

　　浮躁不是病，而是一种普遍的社会心态，没有什么可怕。只要我们让自己的头脑稍微保持一点儿清醒，不因浮躁而紧张，我们的心便会随之恢复平静，生活也会变得像以前一样容易掌控。

　　改变浮躁之气，就是要脚踏实地，凡事讲认真。认真，就是不放松对自己的要求，就是严格按规则办事做人，就是在别人苟且随便时自己仍然坚持操守，就是高度的责任感和敬业精神，就是一丝不苟的做人态度。

　　认真的精神，其实是对自己、对他人、对家庭和社会的高度责任感。做事能否认真，与是否有耐心关系密切。许多人做事只图快，只图省力气，怕麻烦，于是偷工减料，"萝卜快了不洗泥"，这样做出的"成果"必然是经不起检验的。而这种"浮躁"，这种"缺乏耐性"，正是为人处世不再认真、充满着"浮躁心"的突出表现。

能否认真做事，不但是个行为习惯的问题，更反映着一个人的品行。很难想象一个整天只图自己安逸和舒服，只想着走捷径取巧发财的人，会不辞劳苦又认认真真地去做好该做的事。认真做事的前提，是认真做人。

以下是克服浮躁心理的具体步骤：

一、立长志，而不是常立志

这点对于防止浮躁心理的滋生和蔓延是十分有利的。立志要扬长避短。根据自己的特点来确立目标，才会有成功的希望，千万不要赶时髦。立志不在于多，而在于"恒"。要防止"常立志而事未成"。

二、重视行为习惯

做事情要先思考，后行动。比方出门旅行，要先决定目的地与路线；上台演讲，应先准备讲稿。在做事之前，经常问自己这样一些问题："为什么做？怎么做？希望什么结果？"并要具体回答，写在纸上，使目的明确，言行、手段具体化。做事情要有始有终，不焦躁，不虚浮，踏踏实实做好每一件事。一次做不成的事情就一点儿一点儿分开做，积少成多，积沙成塔，累积到最后即可达到目标。

三、有针对性地"磨练"

可以采取一些措施，有针对性地"磨练"自己的浮躁心理。如练习书法、学习绘画、弹琴、下棋等，有助于培养耐心和韧性。此外，还要学会调控自己的浮躁情绪。在做事时，可用语言进行自我暗示。如："不要急，急躁会把事情办坏。""不要这山看着那山高，这样会一事无成。""坚持就是胜利。"只要坚持不断地进行心理上的练习，浮躁的毛病就会慢慢改掉。

四、用榜样教育

身教重于言教。以勤奋努力、脚踏实地工作的良好形象为榜样，改善自己的言行。还可以用历史上的优秀人物以及周围同事的优良品质来对照检查自己，督促自己改掉浮躁的毛病，培养勤奋不息、坚韧不拔的优良品质。

做事是否认真，体现着一个人的生活态度、敬业精神。只有那些有着严谨的生活态度和满腔热忱的敬业精神的人，才会认真对待每一件事，不做则已，要做就一定要尽心尽力做好。这样的人也往往会得到别人的信任，为自己打开成功之门。

化压力为动力

我们必然要承受生活的负担，而这些生活的负担也给我们增加了难以摆脱的压力。社会竞争的激烈，导致人们经常处于精神高度紧张的状态。而在国内的一些大中型城市，许多上班族和大学生有着不同程度的心理疾病，都是源于他们心理负荷过重。在激烈的竞争中，一旦理想和现实反差太大，就会出现挫败感、自卑感。长期在这种压抑的状态下会给我们的身心健康带来严重威胁。因此，我们在生活中需要学会消除心理压力，达到心理平衡，学会给自己减压。

从另外一种意义上说，压力对我们自身是有益的。生活中有许多事，是在压力的驱使下很好地完成的，正所谓"没有压力就没有动力"。如果我们每天处于无所事事的状态中，生活上无负担，工作上很清闲，那么时间长了必定会形成懒惰、玩物丧志的恶习。所以，我们应该感谢压力的存在，是压力让我们不断进取、奋斗，也是压力让我们在竞争中不能有丝毫的懈怠。

有压力不可怕，我们完全可以运用多种方法把压力变成动力。压力是让我们付诸行动的原始动力。变压力为动力靠的是一种百折不挠的信念。学会适应环境的改变，学会把压力变成动力，你就可以获得成功。

一、在他人的打压下进步

有一位优秀的员工总是受到部门经理的打压，无论他做什么工作，对方都能挑出毛病，并毫不留情面地对他给予批评。一开始，这位员工觉得自己可能真的很差劲，但是当他发觉对方有意跟他过不去后，他开始变得非常虚心，不再像以前那样什么事都做到完美后直接交给经理，而是提前询问对方有没有什么建议，态度表现得谦虚而诚恳。见"嚣张"的下属开始向他低头，经理的态度也开始变好了很多。

一次，公司就一款产品的客户群和市场向各部门征求意见，该员工原本有个很好的建议，但是经理并没有征求他的意见，随便跟几个同事了解了一下便递交了一份方案。不久后，公司就这些意见展开了讨论，会上老总强调，如果大家现在还能想到什么好点子，可以再提出来。大好的机会来了，这位员工举手发言。他口齿伶俐，举止大胆而得体，更重要的是他的方案精妙绝伦，一下博得满堂彩，并最终被定为新产品的推广方案，而他也自然成为了该产品推广的主要负责人。

找一群（或者一位）工作很出色的朋友或同事，经常和他们在一起，也就是接受他们的潜移默化，坦白一点讲就是请他们逼你，给你施压，让你因为要承受他们的压力而不得不对自己的工作热情一点儿。这就是竞争产生动力的道理。

二、压力催发出了进取心

汽车大王亨利·福特曾提到，自己之所以能有如此成就，是源于在一家餐厅发生的一件小事受到的"礼遇"。

在亨利·福特还是一个修车工人的时候，有一次刚领了薪水，就兴致勃勃地到一家他一直十分向往的高级餐厅吃饭。不料，年轻的亨利·福特在餐厅里呆坐了差不多15分钟，居然没有一个服务生过来招呼他。

亨利·福特心里很不舒服。

最后，还是餐厅中的一个服务生看到亨利·福特独自一人坐了那么久，才勉强走到桌边，问他是不是要点菜。亨利·福特点头说是，只见服务生不耐烦地将菜单粗鲁地丢到他的桌上。亨利·福特刚打开菜单，看了几行，耳边传来服务生轻蔑的声音："菜单不用看得太详细，你只适合看右边的部分（意指价格），左边的部分（意指名菜）你就不必费神去看了！"

亨利·福特很疑惑地抬起头来，目光正好迎接到服务生满是不屑的表情，这一下亨利·福特更加生气了。恼怒之余，不由自主地便偏想点最贵的大餐。但一转念，又想起口袋中那一点点微薄的薪水，不得已，咬了咬牙，他只点了一个汉堡包。

服务生从鼻孔中"哼"了一声，傲慢地收回亨利·福特手中的菜单。口中虽然没有再说什么，但脸上的表情却很清楚地让亨利·福特明白："我就知道，你这穷小子，也只不过仅仅能吃得起汉堡包罢了！"

吃完了汉堡包之后，亨利·福特的气并没有消，他很恨这个服务员的市侩。

不过，在喝了几口水之后，亨利·福特反倒冷静下来，仔细思考，为什么自己总是只能点自己吃得起的食物，而不能点自己真正想吃的大餐？

亨利·福特当下立志，要成为社会中顶尖的人物。从此之后，他开始朝梦想前进，由一个平凡的修车工人，逐步成为叱咤风云的汽车大王。

在失去动力、效率下降的时候，你不妨想象一次努力之后会有什么样的成果，这可以成为自己积极工作的原动力。你也可以设定一个奖励自己的制度，设法"收买"自己，以达到目标。

忙里偷闲，释放自己

现代人太忙，满世界就听到一个忙字。大人们忙赚钱，小孩儿也同样身不得闲，就连离退休的爷爷奶奶辈也忙于发挥余热，或养身保健或吟诗作画。

社会要发展，人类要进步，忙是自然要忙的。然而，这绝不是人生的全部。人生不仅需要工作，也需要休息；不仅需要忙碌，也需要休闲。我们不能无休止地忙，人生如果没有休闲，就像一幅国画挤满了山水而不留一点空隙，缺乏美感。人生没有悠闲，就不能领悟、体味、享受人生。所以忙碌中要学会偷闲。

泰戈尔在《飞鸟集》中写道："休息之隶属于工作，正如眼睑之隶属于眼睛。"不会休息的人就不会工作，只有休息好了，才能更好地工作，才会有更好的生活。如果一味地盲目地去忙，连身体这个"革命的本钱"都搞垮了，那人生也就没有忙的意义了。我们崇拜陈景润，但我们不赞成他那种不顾一切、废寝忘食，以致英年早逝的"拼命精神"。

生活也一样，每天总有干不完的事。但是，我们有没有仔细想过，如果天天为工作疲于奔命，最终这些令人焦头烂额的事情也会超过我们所能承受的极限。尤其是当今社会，生活节奏不断加快，"时间"似乎对每个人都不再留情面。于是，超负荷的工作往往给人造成不可避免的疾患。

因为人们的生活起居没了规律，所以患职业病、情绪不稳、心理失衡甚至猝死等一系列情况时有发生，势必给人们生活、工作及心理上造成无形的压力。

我们每天行色匆匆，为了生存、为了生活而不停地奔波劳碌。当今社会形势瞬息万变，随着生活节奏的加快，争时间、抢速度已成为市场经济这个大环境中的普遍现象。

小义在一家知名外企工作，现在他怀疑自己得了健忘症。和客户约好了见面时间，可搁下电话就搞不清是10点还是10点半；说好一上班就给客户发传真，可一进办公室忙别的事就忘了，直到对方打电话来催……小义感觉自从半年前进入公司后，整天陀螺一样天旋地转地忙碌，让他越来越难以招架，真有点儿快撑不住了。"那种繁忙和压力是原先无法想象的，每人都有各自的工作，没有谁可以帮你。我现在已经没什么下班、上班的概念了，常常加班到晚上10点，把自己搞得很累。有时想休假，可假期结束后还有那么多的活儿，而且因为休假，手头的工作会更多。"他无奈地向朋友诉苦。

其实，在实际工作当中，类似于小义的这种情况时常发生，尤其是在外企拿高薪的工作人员。这时，我们需要换一种心情，轻松一下，学会放下工作，试着做一些其他的运动，以偷得片刻

休闲，消去心中烦闷。记得有一位网球运动员，每次比赛前别人都去好好睡一觉，然后去练球，他却一个人去打篮球。有人问他，为什么你不练网球？他说，打篮球我没有丝毫压力，觉得十分愉快。对于他来说，换一种心态，换一种运动方式，就是最好的休闲。

人生就像登山，不是为了登山而登山，而应着重于攀登中的观赏、感受与互动，如果忽略了沿途风光，也就体会不到其中的乐趣。人们最美的理想、最大的希望便是过上幸福生活，而幸福生活是一个过程，不是忙碌一生后才能到达的一个顶点。古人云："一张一弛，文武之道。"人生也应该有张有弛，也应该忙中有闲。人生就像一根琴弦，太松了，弹不出优美的乐曲，太紧了就容易断，只有松紧合适，才能长久地奏出舒缓优雅的乐章。

俗话说："磨刀不误砍柴工。"悠闲与工作并不矛盾。处理好两者的关系，最重要的是能拿得起、放得下。工作时就全身心投入，高效运转；放松时就尽情地放松，把工作完全放在一边，去钓鱼、去登山、去观海。

工作休闲应该搭配得当，不能忙时累个半死，闲时又闲得让人受不了。可以隔三差五地安排一个小节目，比如雨中散步、周末郊游等。适时地忙里偷闲，可以让人从烦躁、疲惫中及时摆脱，为了更好地工作而积蓄精力。

总之，为了更好地工作，为了美好的生活，我们一定要学会忙里偷闲，有时休息比工作更有效。我们都有时间，并且可以试着改变自己。当我们下班赶着回家做家务时，不妨提前一站下车，花半小时慢慢步行，到公园里走走。或者什么都不做，什么也不想，就是看看身边的景色，放松一下自己的心情，肯定会有意想不到的效果。

踏上人生的漫漫旅程之后，我们要努力从忙碌中释放自己、善待自己，年轻的岁月很容易流失，而未来道路却依然漫长，只要我们适时休息一下，我们以后的人生一定会更精彩！

急于求成要不得

有两棵大小相同的树苗，同时被主人种下，也被一视同仁地细心照料着。不过，这两棵树的起跑点虽然相同，后续的成长状况却大不相同。

第一棵树拼命地吸收养分，一点一滴储备下来，仔细地滋润身上的每一条枝干，慢慢地累积能量，默默地盘算如何让自己扎扎实实、健康茁壮地成长。

另一棵树也一样非常努力地吸收营养，不过它追求的目标与第一棵不同，它将养分全部聚集起来，并使劲地将这些养分送至树端，一心想着如何让开花结果的时间提早来到。

第二年，第一棵树开始吐出了嫩芽，也十分积极地让自己的主干长得又高又壮；而另一棵树也长出了嫩叶，不过它却迫不及待地挤出了花蕾，似乎随时都可以开花结果。

这个景象让农夫非常吃惊，因为第二棵树的成长状况非常惊人。只是，当果实结成时，由于这棵树尚未长成，却提早承担了开花结果的责任，因此一时间吃不消，把自己折腾得累弯了腰，至于所结的果实更是因为无法充分吸收养分，比起一般正常的果实要酸涩。

再加上它的体形矮小，许多孩子都喜欢攀上树端嬉戏玩乐，并且拿那些还未成熟的果实游戏，时日一久，这棵树在身心受创的情况下，逐渐失去了生长的活力。

第一棵树的情况却完全相反，原本不被看好的它，反而越来越茁壮，在经年累月的耐心等待之后，终于花蕾绽放。

由于养分充足、根基稳固，不久结成的果子也比其他的树更大更甜，而那急于开花结果的第二棵树却日渐枯萎。

很多人就像第二棵树一般，只学会了皮毛，便急着出头与表现，然而，当他的皮毛用尽，也就意味着能力不过如此而已。这时候，不仅难以占有立足之地，还会跌到更深的谷底，甚至连重新开始的机会都很难找到。

今年假期，小李从广州飞往北京参加精英高尔夫训练营，学习打高尔夫球。其实没参加精英高尔夫球训练营之前，小李也认为没有什么意思，这么小的球还不容易打吗？电视里的高尔夫球比赛，小李从来没有耐性看。但小李是个喜欢挑战的人，也是一名全能型的运动好手，来训练营的目的，是想扫高尔夫盲，成为真正的"十项全能"。

通过一个星期的学习，才知道这个小球不简单。打了整整一天臭球之后，小李才忽然打出了一个极远的好球！没费一点儿力气，一切都是这么自然。小李突然意识到"高尔夫"英文释义的真正含义——让我们懂得回归自然：顺理成章、不经意、很自然地，才能完成动作。若刻意想动作，或想发力打远，就一定打不好。急于求成只能拔苗助长，欲速则不达；顺其自然，才能水到渠成。

　　这也是高尔夫告诉我们的人生哲理。人生何尝不是这样，刻意就是在不适当的时候提出不适当的要求，是希望世界上的事按你的想法去实现。刻意只能让你感到生活一团糟。然而，你往往在不经意中，顺其自然的豁达之中，得到了一切。紧握双拳时，你抓不到东西；放开双手，你却得到了整片天空。

脚踏实地才能有所为

李梅是一家公司的总裁秘书，相貌平常，个性也不张扬，是一个工作踏实、作风严谨，并在工作中很少夹杂个人好恶的女孩。李梅对公司的业务熟悉，公司各个环节的运转也都了然于胸。在总裁做决策时能提供很多帮助，成为总裁的得力助手。因为这家公司是合资的，总裁人选总是处在变动之中。虽然换了几任总裁，李梅依然是总裁秘书，且深得各届总裁的信任。

公司有许多人看到这种情况，都私下里议论，认为李梅肯定有不为人知的职位常青"秘籍"。要不然，仅凭着长相一般，整天默默工作的样子，肯定保不住自己总裁秘书的职位。

于是，有些员工忍不住去问李梅，向她讨教成功的秘诀。李梅听了同事的话，却淡淡地说道："每个人在自己的位置上，做好应该做的事情就可以了。我也是，在其位，谋其事，只是尽力做好一个秘书的工作，担负起一个秘书应该担负的责任罢了，哪里有什么秘诀可言呢！"

汉姆到一家五金商店去应聘工作，老板雇用了他，但每周只给他2美元的报酬。第一天开始工作时，老板对刚进商店的新员工们说："你们从今天开始，要尽快熟悉这个生意的所有环节，每一个细节都不能放过。只有这样，我让你们做什么事时，才能拿得起、放得下，才能为我所用。"

"哼！一周只给2美元的报酬，还让别人认真去做？真是一个铁公鸡！"听完老板的话，与汉姆同一时间进公司的那几个员工这样小声嘀咕着。

开始上班了，汉姆遵从了老板的话，认真去学习每一件事情，熟悉每一个环节，每一件事情都做得非常用心。

几个星期过去了，汉姆对这个五金商店所有生意的各个环节都了然于胸，老板吩咐去做什么事，他都能很快做好。并且，经过仔细观察，汉姆发现有一件事情老板没有让他做过，那就是检查进口的外国商品账单。

每次都是老板自己认真核实。汉姆看了下账单，发现使用的都是法文和德文，于是汉姆开始学习法文和德文，虽然学习中经常会遇到困难，但他都在克服着坚持学习，有时候有不懂之处，就去问老板。他一边学习外语，一边研究账单，他很快就能看懂那些外贸的账单了。

一天，老板在检查那些外贸账单时，突然感觉很疲倦，站在旁边的汉姆看到这种情况，就劝老板暂时休息一下，由他来检查账单。老板不相信地看了看汉姆，但汉姆的眼神自信且坚定，于是老板就同意了。他让汉姆检查账单，自己则在一边看着。

老板没有想到，汉姆检查这些外贸账单，就像吩咐他做其他工作一样，完成得又快又好。由于汉姆干得太出色了，老板就把检查外贸账单的任务交给汉姆了。

一个月后，老板把汉姆叫到了自己的办公室，拍着汉姆的肩膀说："汉姆，今后我打算让你来主管外贸这一块，这是一个很重要的职位，一般的人都不能胜任，我找你来主持这项工作。从你以往的表现中，深信你一定能够完成得很好，这对你将来的发展有很大的好处。目前，我们公司像你这样年轻的员工有20名，他们不努力，所以也没有这个机会。只有你，脚踏实地去工作，把什么事情都尽力做到完好，是你自己用实力抓住了它。我呢，在这一个行业中已经干了40年，来我店里工作过的员工也有几百名了，但大多数都是得过且过。我仅见过3位能从工作琐事中发现机遇并紧紧抓住它的年轻人，而你是其中之一。另外的两个人，现在都发展得很好，有了自己的公司，也算是小有成就了吧！你的前景我也很看好，努力干吧！"

虽然被老板看好，但汉姆没有一丝骄傲，他同以往一样努力去工作。很快，他的薪水涨到每周10美元。一年后，他的薪水达到了每周180美元，还经常到法国、德国去处理事务。

老板跟别人谈话提起汉姆时曾说："汉姆这个年轻人很不错，各方面都很出色，我预计他在30岁之前就能成为我的股东。我从他做外贸主管的工作中看到了这一点，他会有所作为的！"

果然如老板所料，汉姆真的成为了他的股东，他们现在不再是上下级的关系，而是成了默契的合作伙伴。

现在很多年轻人，如同和汉姆一起进店的那儿个员工一样，都认为老板所给的工资不高，不愿付出自己的全部精力去工作，养成一种得过且过的思想，最终不是害了别人，而是害了自己。

也有很多年轻人虽然有梦想，却不能实现。因为他们太浮躁，不从基本工作开始做，急功近利，这样的人每天把时间花在牢骚和抱怨中，最终也一事无成。要知道，所有的梦想，只有在脚踏实地的工作中，在积累经验和学习之间，经历无数次的磨炼，最终才能得以实现。

学会与压力共舞

　　现代社会是一个充满压力的社会。每个人都在压力中生存，差别仅是压力的大小和对压力承受能力的不同而已。可以说压力与我们相伴一生，如果不能和压力好好相处，压力就会成为我们人生成功的绊脚石，而让我们疲惫或失望，甚至会失去生活的兴趣。

　　近年来，因为来自方方面面的压力而引起的各种不良反应，诸如焦虑、忧虑、愤怒、过劳等精神疾病正在困扰着越来越多的人，已成为社会关注的焦点。

　　根据世界卫生组织（WHO）统计，北美地区因压力所造成的损失超过2 000亿美元，其中在美国因为压力所造成企业的损失就超过300亿美元，在英国由于压力所耗损的产值竟然占国民生产总额（GNP）的3.5%。

　　研究压力对人类身心影响最有名的加拿大医学教授赛勒博士曾说："压力是人生的香料。"他提醒我们，不要认为压力只有不良影响，而应转换认知和情绪，多去开发压力的有利影响，人在其一生中，本来就无法摆脱压力。

既然无法逃避压力，就要学习与压力共处。但我们也要学会与压力共处之道。

首先，应该学会缓解压力。最有效的方法就是在你面前摆一把椅子，想象给你带来压力的一方就坐在椅子里。然后对着"他"说出你长期以来的想法和感受。在对方不在场的情况下讲出你的愤怒，这样可以释放被压抑的能量，使你思维变得清楚，排解心中的毒素。

其次，还应该学会控制自身对压力的反应，增加心理的承受能力，减少外界压力带来的伤害。如果因某种自身不可改变的事物给自己造成压力，这种方法是减轻伤害的最好途径。

再次，应根据自身的条件和现实的环境，制定切实可行的人生目标。一个好的目标会使人奋发努力，积极进取，并体验到成功的喜悦。反之，如果目标脱离现实，完全没有实现的可能，肯定会遭遇到重重困难，并使人产生挫败感。

要善于消除不良情绪。每个人作为社会成员之一，不可避免地会遇到各种挫折和打击，会产生诸如愤怒、悲伤、恐惧等各种消极情绪。遇到这种情况，应采取一定的方式宣泄这些不良情绪，如通过倾诉、抗争、转移注意力等方式，尽量减少采用否认、退缩等方式解决矛盾。

最后，如果某种压力已经给自己造成心理伤害，自己又无法排解，这时一定记着去寻求心理帮助，千万不可让它郁积于心，否则后果不堪设想。

社会生活节奏的加快、日趋激烈的竞争和永无止境的欲望，使人们承受着越来越重的压力，既然压力不可避免，那么就让我们与压力共舞吧！

第五章

缓住性子稳住步子，
练好"忍功"

　　"人生不如意事十之八九。"每个人的人生道路是不同的，既有顺境，也有逆境，而且逆境往往多于顺境。不管是事业上还是生活上，人生往往会面对很多的关键时刻，这些关键时刻的表现会对一个人的一生造成很大的影响。所以面对这些关键时刻，一定要缓住性子，稳住步子，想好了再去做，才能避免自己日后后悔。要想在这个变化无常的世界里生存，必须学会而且要善于"忍"。关键时刻只有具有忍让能力，才能成就大事，才能不鸣则已，一鸣惊人。

忍让能力，是稳住自己的关键

做人就要培养一种大度，这是为人处世的最基本原则。人不是万能的，总有很多事情因自己没能力解决而无可奈何，这时候，常常需要忍耐。暂时的忍辱负重，可能是解决问题的最好方法，因为意气用事会错失良机。

我国古人就深谙忍让的道理。他们懂得忍让并不是懦弱地躲避，而是有意识地忍让，为了有朝一日东山再起。楚霸王项羽尽管号称"霸王"，但是最后却败在韩信手中。之所以如此，很大一部分原因就在于他不懂得忍让。

花开花落总有时，天时未到莫强求。忍是一种胸怀，忍是一种领悟，小忍是一种修养，大忍是一种智慧。所以，要学会隐忍。隐一朝，忍一时。隐一朝不是永远的隐。隐一朝也是不能不隐的选择。忍一时是聪明的选择，它需要一种眼力和志向。无眼力者不能审时度势；无志向者从不肯潜伏。

忍是隐的保证。忍不住一时之苦、一时之寂寞、一时之耻辱、一时之诱惑、一时之挫折、一时之委屈、一时之困难、一时之野心，就会把策划好的计谋打破，导致功亏一篑，半途而废。为了隐藏的实施，往往要学会忍。

"苦心人，天不负，卧薪尝胆，三千越甲可吞吴。"越王勾践的惨败，败到了为吴王夫差驾车的地步，他却能够做到忍辱负重，复兴国家，最后终于打败吴国，雄霸一方。从这里可以看出：善于忍耐，在该出手的时候当仁不让，才可以曲径通向成功。

苏洵云："不有所忍，不可以尽天下之利。"忍是一种智慧的生存。就像弹簧，聚集起千钧之力，在需要时爆发。"忍"为成功贮藏起无穷的力量，可以使人抓住机会降临的瞬间。

古代的先贤圣人也都是在逆境当中忍了下来，以后自己自强不息，最终有所作为而流芳千古。文王拘而演《周易》，孔子厄而作《春秋》，屈原放逐而著《离骚》，左丘失明始有《左传》，孙子膑足而著兵法。人生中有困难并不可怕，它能够激发出人们潜在于内心当中的无限能量，使人们摒弃"谦虚"的伪装，最终成就一番大事业。

忍让能让人获得机会，争取更大的空间。它不是一个抽象的概念，它表现在于具体环境里理智地区分什么重要，什么不重要；什么是原则问题，什么是非原则问题；什么必须现在解决，什么可以暂缓解决。《菜根谭》中说："舌存常见齿亡，刚强终不胜柔弱；户朽未闻枢蠹，偏执岂能及圆融。"牙齿是刚强的，可是却经不起虫蛀菌噬，常被腐蚀至脱落；舌头是柔软的，虽经酸甜苦辣，却毫发无损。这里提倡的就是一种貌似软弱、实则刚强的做人智慧。

忍，是避免风险与烦恼的有效方法。《增广贤文》以较多篇幅说明了忍的价值："是非只为多开口，烦恼皆因强出头。""忍得一时之气，免得百日之忧。"孔子曰："小不忍则乱大谋。"这句话更是广为流传。

至于我们常说的"坚忍"，则包含两方面的意思：一是"坚"，是坚持目标与信念；二是"忍"，是忍受常人所不能忍之事。总体来说，就是为了坚持自己的追求，而忍受一切难以忍受的东西。成语"忍辱负重"，说的也是这个意思。金庸的小说名篇《倚天屠龙记》中，武当派掌门人张三丰对此做过妙解："不忍辱焉能负重？"——不忍受侮辱，怎么能够担负重任呢？

忍是非常务实、通权达变的生存智慧。凡是生活中的智者，都懂得忍之道，他们总是以表面上的退让、割舍和失败来换取对方的认可，从而在根本上保证了自己更长远或更大方面的利益。

忍让，是理性的以柔克刚、以退为进，顾全的是大局，着眼的是未来。它是人生智慧中不可或缺的，它是一种心法、一种涵养、一种美德。可以毫不夸张地说，忍学是我们走向成功的必修课。

练就"忍功"，走出困境

隋朝的时候，隋炀帝十分残暴，各地农民起义风起云涌，隋朝的许多官员也纷纷倒戈，转向帮助农民起义军。因此，隋炀帝的疑心很重，对朝中大臣，尤其是外藩重臣，更是易起疑心。

唐国公李渊（唐高祖）曾多次担任中央和地方官，所到之处，悉心结纳当地的英雄豪杰，多方树立恩德，因而声望很高，许多人都来归附。这样，大家都替他担心，怕他遭到隋炀帝的猜忌。正在这时，隋炀帝下诏让李渊到他的行宫去晋见。李渊因病未能前往，隋炀帝很不高兴，多少产生了猜疑之心。当时，李渊的外甥女王氏是隋炀帝的妃子，隋炀帝向她问起李渊未来朝见的原因，王氏回答说是因为病了，隋炀帝又问道："会死吗？"

王氏把这个消息传给了李渊，李渊更加谨慎起来，他知道自己迟早会为隋炀帝所不容，但过早起事又力量不足，只好隐忍等待。于是，他故意败坏自己的名声，整天沉湎于声色犬马之中，而且大肆张扬。隋炀帝听到这些，果然放松了对他的警惕。

这样，才有后来的太原起兵和大唐帝国的建立。李渊在隋炀帝对他怀有戒心的时候，没有选择与之对抗，因为那时的他并没有与皇上对抗的能力，只有在假象的保护下忍受着不情愿的痛苦。终于在时机成熟的时候，他建立了唐朝，推翻了隋炀帝的暴政，永远不用再忍受暴君的统治。

我们常说："冲动是魔鬼。"在与他人发生冲突的时候，一定要让自己冷静下来，衡量轻重之后再去想该怎么做。千万不要因为一时的冲动给自己带来终身遗憾。

喜怒哀乐，人之常情也。然而情感也需要调节，仅为一事之讳而愤然大怒，可能酿成大错。《孙子兵法》云："主不可以怒而兴师，将不可以愠而致战。"说的也是这个道理。所以，我们只有发挥理智的作用，避免感情用事，才能避免"冲冠一怒为红颜"的鲁莽举动。

忍是一种修养。我们常常说用人要坚持德才兼备的原则。所谓德才兼备，其中就包括一个"忍"字。有人说，有才必须忍，忍才能有德。忍是有智慧、有能力的表现。忍能够达到"无为而治"的境界，是谓大智若愚也。

忍，不是一味妥协，不是委曲求全，"沉默是为了雄辩，而非噤声；雌伏是为了雄飞，而非隐退；忍辱是为了雪耻，而非饮恨！"忍，是一种以退为进、以弱胜强的做人哲学。

忍作为一种处世的学问，对于人们来说，是绝对不可缺少的。所以，俗话说：心字头上一把刀，一事当前忍为高。无论是在事业上，还是在个人的人生征途上，挫折和失败是难免的。暂时忍让是战胜挫折、走出困境的重要方略。能在关键时刻做到忍耐的关键在于，自己要学会克制，学会看开，不要把一时的不如意当成永远的失败，相信一时的忍耐是为了明天的辉煌。

怎样培养自己的忍让能力呢?

首先，要培养自己的宽容之心。"世界上最宽阔的是海洋，比海洋宽阔的是天空，比天空更宽阔的是人的胸怀。"宽容是一种博大，宽容是一种境界。"严于律己，宽以待人"，对任何人、任何事都要用宽容的眼光去看待。

其次，在学习生活中应该理智、冷静稳重，遇事要三思而后行，遇到重大问题时要反复告诫自己不要感情用事。

再次，要用乐观的态度对待事情。一个悲观的人总是很容易想到事物不好的一面，而且心情比较压抑和郁闷，所以总会对别人不满或者生气。虽然有的人平时看起来很乐观，可是一旦遇到什么事情就悲观起来，这也不算真正的乐观，只能说是在风平浪静的时候比较开心，这是人之常情。

真正的乐观在于你自己的心态，不论在什么时候都可以给自己鼓励和希望，并且相信自己。

最后，自己一定要做好，要让自己优秀、积极。因为一个过得很不好或者不顺利的人心情很难好起来，一旦别人触犯了自己，就会觉得非常生气，即使不表现出来，心里也很恼火。只有自己优秀了，把自己的事情做好了，自己的忍让才有价值。我们忍让的目的是为了明天的不忍让，所以，要让自己变得更加优秀。

总之，忍是品质，是志向，是修养，是意志，是智慧，是能力。要学会忍，做到忍，这是成就伟大事业的必需，是养成高尚品德的必需，一句话，是做人做事的必需。学会忍，学会在忍中锲而不舍地追求，在忍中更深刻地感悟人生，这才是最重要的人生一课。

忍让的技巧，让别人先出底牌

《朱子家训》曰："处世戒多言，言多必失。"在与人交往中，我们仔细观察就会发现，那些上来就急于亮出底牌的人，往往在后来处于劣势；而那些能够耐得住性子的人，等待摸清了对方的意图之后，再出牌便可以步步为营了。

我们的生活中充满了各种各样的谈判，无论是购物、商业谈判、夫妻间的沟通，还是工作面试，很多时候都陷入需要讨价还价的情况。有心机的人绝对不会先把自己的底牌亮出来，而是故意放慢脚步，缓住性子，等摸清对方的底牌之后，再制定策略，给自己创造最大的利益和空间。

一个小男孩在家中草坪玩耍时看中了邻居的一只小狗。小狗很是可爱，他非常喜欢，于是就去找邻居，想买下来。

他问邻居："你这只狗很可爱，我非常喜欢，你能卖给我吗？要多少钱啊？"邻居看这小男孩这么喜欢，就决定卖给他。邻居回答说："好啊！那我就25元卖给你吧！"

于是，小男孩就跑回家向老爸要钱，老爸给了他25元，并对他说："你买的时候要跟他讲价啊！剩余的钱就归你了！"

小男孩想了想，跑到邻居那儿，说："我现在带了25元钱，我想23元跟你买下。如果不行，那我就24元跟你买，再不行，我就出25元！"最后结果不必说，邻居以25元卖给了他。

读了这个故事，很多人可能会嘲笑小孩的天真。但是，你有没有想过自己在与人交往的过程中，往往也是因为过早亮出了自己的底牌，而被别人占了先机呢？

要想获得最大的利益，切不可着急亮出底牌。相反，你可以利用对方急于求成的心态，逼迫对方亮出底牌，然后再步步为营，突破对方底线。

关键时刻，一定不要急于亮出自己的底牌，否则，只能让自己陷入被动状态。最重要的是稳住步子，缓住性子，即使内心非常焦急也不能让对方看到你的急切。因为关键的时候，双方都会处于一种内心焦急的状态，这时候考验的是大家的耐性，谁能够不动声色坚持到最后，谁就占有了主动权。

可是在许多情况下，对方的底牌很难摸清楚，这时候可以用分析和推断来把把对方的脉。如果对手实在是打持久战，那么冒点风险以退出恐吓对方，也值得一试。也许他比你更不愿意谈判破裂，真是如此，你即使表示退出也仍然有重新谈判的余地。

1920年，新生的苏维埃俄国还处于国际帝国主义的包围和封锁中。为了冲破封锁包围，俄共非常希望与西方国家发展经济贸易关系。当时的意大利政府出于经济原因，在国内工业界的压力下也愿意同苏俄进行经贸联系。意大利外交大臣卡洛·斯弗茨几次在报纸上发表声明，表示他的政府打算恢复同苏俄的贸易关系，并准备在罗马接待苏俄经济代表团。俄共迅速抓住这一机会，宣布组成以苏俄早期杰出的外交家沃罗夫斯基为首的经济代表团奔赴罗马。

但是，这时意大利国内的政治形势急剧变化，反共反苏的法西斯势力迅速抬头，他们在全国各地大搞暴力活动，猖狂反对共产党人。苏俄经济代表团成员也经常受到骚扰、跟踪、搜查，苏俄派来的外交信使也遭到扣押。在种种压力下，意大利执政的乔利蒂政府不得不拒绝承认苏俄经济代表团的外交地位，但又急于同苏俄签订贸易协定，缓解国内实业界呼声，并加强自己在最近的议会选举后变得十分不稳的地位，争取更多议员的支持和拥护。1921年5月，乔利蒂政府向逗留在罗马的苏俄经济代表团建议立即签订贸易协定。

苏俄政府认真深入地分析了意大利政府的心态，决定采用以退为进的策略。这下，意大利政府慌了神。三天之后，意大利外交大臣斯弗茨再次邀见沃罗夫斯基，这次他格外客气。

又过了三天，沃罗夫斯基收到了意大利政府的公函。公函中说："我们两国在经济上的接近是令人感兴趣的……我们乐于自今日起给予你们希望得到的外交特权。"

需求常常是双向的，你有求于对方，对方也有求于你。洞悉了这一点后，就应该利用对手这种弱势，在谈判中采取以退为进的方略，要挟对手，迫使对手就范，作出妥协和让步。赢的关键在于要让对方先亮出底牌，这样才能处于主动地位。

忍让，人生中的一种智慧

在现代纷繁复杂的大千世界里，芸芸众生，迥然不同。一个人生活在社会中，就不可避免要同其他个体发生千差万别、千丝万缕的关系。事物之间总是相互制约的，一个人在社会中同样也不能够随心所欲、无拘无束。

忍让是一种美德，同时也是一种涵养。忍有极大的好处，我们认为，忍是修身养性的前提，忍是安身立命的最好法宝，忍是众生和谐的祥瑞，忍是成就大业的利器，忍是生财致富的妙门。忍一时风平浪静，退一步海阔天空。为了长远的考虑，不必计较一时、一事之长短，没有什么不能忍的。

忍，即是忍让，是人生当中的一种智慧。在家庭、工作、公共场合甚至出行中，我们都应该好好地学习这门学问，这对于我们的生活来说不无裨益，能使自己的思想境界得到升华。否则，烦恼就会不寻自来。

常见到一些人因为一些小摩擦而拳脚相向，以致头破血流。在这当中，互不忍让者有之，财大气粗者有之，恃强凌弱者有之。在这些冲突当中，有些事情其实都是微不足道的，只要双方忍一忍，就可大事化小，小事化无，这样就可以给人的生活减少很多不必要的烦恼。

曾经有一个人在澳大利亚开车，违章把一个白人的车撞坏了。那个白人下车，没有生气，反而十分关切地问他：身体没受伤吧？在得知对方身体没有任何事情之后，那白人才耸了耸肩膀，幽默地说：剩下的是保险公司的事情了。这真是大智慧呀！不想发生的事情既然现已发生，吵一架又于事无补，还不如早点儿把事情了结，回家喝杯茶，晚上睡个好觉。

古人常说："处事难，处人更难。"

朋友，让我们学会忍让吧，在自己出行的时候，在没有交通灯的十字路口的时候，速度放慢些，这样你就很有可能更快而且更安全地到达目的地。

棘手的事情一定要"耐烦"

在生活中，我们总会有这样的感觉，单纯一件事，只要肯下工夫，要把它做好并不难，但一扯上人为因素，简单的事也会变复杂。而依人的智慧、经验、价值观念以及利益的不同，这事的复杂度也会有所不同，就好比一条绳子打上了千百个结，世上的事多半是如此。

比如公司调整人事，好的位子人人想要，施压的施压，钻营的钻营，这就是打了千百个结的绳子；商人要争取大生意，几年前就开始打通人脉、收集情报、训练人员，每个步骤都是问题，也都需要解决，这也犹如打了千百个结的绳子。而要解开这些绳子上的结，要的便是"耐烦"。

事实上，要做好一件事，解决一个问题，最需要的是智慧和经验。有智慧、有经验的人固然能做好事，也能解决问题，但若无"耐烦"的本事，则无法做好磨人磨得发狂的事，也无法解决复杂多变、不知从何下手的问题。所以，不能"耐烦"，徒有智慧和经验还不能成就大事。

"耐烦"是和客观环境比耐力，也在和竞争对手比耐力，你能"耐烦"，就不会输。若因不耐烦而半途放弃，那么就先输了，很多在人生竞赛中落后的人都是因为不耐烦，而不是因为智慧不如人。

在工作中往往有一些琐碎而无价值的事，通常是一些不重要的任务或工作，而且报偿低。它消磨你的精力和时间，因此让你不能处理更为重要且当务之急的工作。琐碎无价值的工作可能是将文件归档、清理办公桌抽屉、日常文书工作或者没有紧迫任务时任何人都可以做的那种工作。

如果你刚刚踏上工作岗位，面对每天这些琐碎而无价值的事，是不是会感到厌烦？尤其是很有干一番事业雄心的人，对这些鸡毛蒜皮的小事往往会不屑一顾。人生一世，谁都不甘平庸，都想成就一番大业，不虚此生。可是这世界上能干事的人不少，成大业的确实不多，究其原因，方方面面，主客观因素都有。比如，要有良好的社会背景，有千载难逢的机遇，也要有智商、有文化、有修养，等等。但"耐不得烦"却是一个常常被人忽略的重要因素。

"要能耐得住烦"就是要站得高、看得远，不为眼前的得失而影响大目标、大事业。"耐烦"就是不要急功近利，不因小失大。能耐一次烦，便能耐二次烦，这种本事一变成习惯，将是成就大事业的基础。这种"耐烦"的本事，年轻人尤其要能学到，不要说你年轻气盛而"做不到"，那是托词，这里能告诉你的只是：越早学到，越早获益！

　　至于如何培养“耐烦”的本事，这并无捷径，也没有速成班，更没有补习班可以教，这是个人意志的问题。换句话说，你只要在碰到“很烦”的事时，便告诉自己——要耐烦！然后仔细地、耐心地、不动气地分析该如何做这些事，解决这些问题，那么慢慢的，你便有了“耐烦”的本事。

忍让不是怯懦而是涵养

王尔德曾经说，你如果想要快乐，就该把忍耐带回家去。在这纷繁复杂的大千世界里，和别人发生着千丝万缕的联系，磕磕碰碰，出现点摩擦，在所难免。此时，如果仇恨满天，得理不饶人，后果只能是两败俱伤，鱼死网破，而如果采取忍让之道，则会"退一步海阔天空，忍一时风平浪静"。哪个更划算，不言自明。

中国历史上，凡是显世扬名、彪炳史册的英雄豪杰、仁人志士，无不能忍。

人生在世，生与死较，利与害权，福与祸衡，喜与怒称，小之一身，大之天下国家，都离不开忍。现代社会中，许多事业上非常成功的企业家、金融巨头亦将忍字奉为修身立本的真经。因而，忍是修养胸怀的要务，是安身立命的法宝，是众生和谐的祥瑞，是成就大业的利器。

忍是一种宽广博大的胸怀，忍是一种包容一切的气概。忍讲究的是策略，体现的是智慧。

"弓过盈则弯，刀过刚则断"，能忍者追求的是大智大勇，决不做头脑发热的莽夫。

忍让是人生的一种智慧，是建立良好的人际关系的法宝。忍让之苦能换来甜蜜的结果。

《寓圃杂记》中记述了杨翥故事。杨翥的邻居丢失了一只鸡，指骂说是被杨家偷去了。家人气愤不过，把此事告诉了杨翥，想请他去找邻居理论，可杨翥却说："此处又不是我们一家姓杨，怎知骂的是我们，随他骂去吧！"还有一邻居，每当下雨时，便把自己家院子中的积水引到杨翥家去，使杨翥家如同发水一般，遭受水灾之苦。家人告诉杨翥，他却劝家人道："总是下雨的时候少，晴天的时候多。"

久而久之，邻居们都被杨翥的宽容忍让所感动。纷纷到他家请罪。有一年，一伙贼人密谋抢杨翥家的财产，邻居得知此事后，主动组织起来帮杨家守夜防贼，使杨家免去了这场灾难。

春秋五霸之一的晋文公，本名重耳，未登基之前，由于遭到其弟夷吾的追杀，只好到处流浪。

有一天，他和随从经过一片土地，因为携带的食物已吃完，他们便向田中的农夫讨些粮食，可那农夫却捧了一捧土给他们。

面对农夫的戏弄，重耳不禁大怒，要打农夫。他的随从狐偃马上阻止了他，对他说："主君，这泥土代表大地，这正表示你即将要称王了，是一个吉兆啊！"重耳一听，不但立即平息了怒气，还恭敬地将泥土收好。

狐偃怀着忍让之心，用智慧化解了一场难堪，这是胸怀远大

的表现。如果重耳当时盛怒之下打了农夫，甚至于杀了人，反而
暴露了他们的行踪。狐偃一句忠言，既宽容了农夫，又化解了屈
辱，成就了大事。

忍让是智者的大度，强者的涵养。忍让并不意味着怯懦，也
不意味着无能。忍让是医治痛苦的良方，是一生平安的护身符。

第六章

坚持一下，
在忍耐中等待时机

　　学会忍耐，学会在忍耐中锲而不舍地追求，在忍耐中更深刻地感悟人生。在忍耐中发愤，在忍耐中拼搏。永远记住：阻挡在你和重大成就之间的敌人就是缺乏耐心。只要你能勇敢地反省和检讨自己不够耐心的原因，然后一一去克服那些弱点，那你就能抓住人生中最有价值的东西。

　　如果你想有一番作为，你就要做好忍耐的准备！"天才，无非是长久的忍耐。努力吧！"

逆境中要学会忍耐

加盟NBA的前6年，罗斯一直默默无闻，他先是效力于掘金队，后又转入步行者队。在步行者的头两年，他的日子一点都不好过，他得不到教练布朗的赏识，时常被晾在替补席上。"记得曾有一个赛季，连续14场没让我上阵，而当时我身上根本没伤。"说起那段痛苦的经历，罗斯至今感到心寒，但他认为这让他学会了很多，尤其是让他学会了忍耐，使他明白什么是值得去更加珍惜的。

直到伯德到步行者执教，才给罗斯带来了转机。罗斯在密歇根大学打球时，伯德曾看过他打球，当时就觉得他很有潜力。所以伯德到步行者对罗斯说的第一句话就是："我相信你有天赋，我会重用你。"伯德的话给了罗斯极大的信心，他勤学苦练，技巧很快得到了提高，并很快被列入首发阵容，如今罗斯已成为步行者的中流砥柱。

在一次总决赛的比赛中，罗斯更是表现不俗。在前5场总决赛中，他发挥正常，平均每场得分达到了22分。尤其是在第5场比赛中罗斯更是独领风骚，一人揽下了32分，成为步行者的得分王。"罗斯一直是我最欣赏的队员之一，"伯德赛后说，"他的成功归功于他的踏实和努力。"

不要急于表现自己不完善的能力，不要苦于找不到赏识自己的伯乐。如果你想让自己有一个灿烂的明天，那你就应该在工作和学习中学会观察、学会磨炼，只有在这种考验中，你的能力才能得到提高，你的水平才能得到发挥。如果你已经对自己的业务有了一个全面的了解，你已经对它的运作有了十足的把握，那你离成功的日子也就不远了。在你还不成熟的时候，在你感到自己的知识还比较欠缺的时候，你不妨把抱怨先收起来，努力积蓄自己的能量，等到机会到来的时候，你就能让自己在发挥才能的过程中闪出耀眼的光彩。

美国著名心理学家瓦尔特·米歇尔曾在一群小学生身上做过一个有趣的实验。

他给每个孩子发一块软糖，然后告诉他们说他有事要离开一会儿。他希望孩子们都不要吃掉那块软糖，他允诺说：假如你们能将这些软糖留到我办完事情回来，我会再奖励给你们两块软糖。然后他出去了。寂寞的孩子们守着那块诱人的软糖等啊等，终于有人熬不住了，吃掉了那块软糖。接着，又有人做了同样的事……20分钟后，米歇尔回来了。他履行诺言，奖励没有吃掉糖的孩子每人两块糖。多年以后，他发现，那些不能等待的孩子大多一事无成，而日后创出一番业绩的全都是当年那些能够等待的孩子。

　　无论你现在是一个默默无闻的小职员，还是一个不甘于继续当下环境的"三分钟"工作者，如果你想真正改变自己，真正让自己在工作上有突出的表现，那你就必须学会暂时的忍耐，忍耐环境对你的磨炼、考验。既然选择了，就不要轻易放弃，否则你将永远一事无成。

在忍耐中等待机会

有一个流传在日本的故事，说的是阿呆和阿土两个人都是老实巴交的渔民，却都梦想着成为大富翁。有一天晚上，阿呆做了一个奇怪的梦，梦见在对面的岛上有一座寺，寺里种着49棵朱模，其中的一棵开着鲜艳的红花，花下埋藏着一坛闪闪的黄金。阿呆便满心欢喜地驾船去了对岸的小岛。岛上果然有座寺，并种有49棵朱模。此时已是秋天，阿呆便住了下来，等候春天的花开。肃杀的隆冬一过，朱模花盛放了，但清一色的淡黄。阿呆没有找到开红花的一株。寺里的僧人也告诉他从未见过哪棵朱模开红花。阿呆便垂头丧气地驾船回到村庄。

后来，阿土知道了这件事。他也驾船去了那个岛，也找到了那座寺，又是秋天了，阿土没有回去，他住下来等待第二年的春天，朱模花凌空怒放，寺里一片灿烂。奇迹就在这时发生了：果然有一棵朱模盛开出美丽绝伦的红花。阿土成了村庄最富有的人。

这个奇异的传说，已在日本流传了近千年。今天的我们为阿呆感到遗憾：他与富翁的梦想只隔一个冬天。他忘了把梦带入第二个灿烂花开的春大，而那些足令他一世激动的红花就在第二个春天盛开了！阿土无疑是个执著的人：他相信梦想，并且等待另一个春天！

其实等待既是一种痛苦，也是一种享受。没有痛苦的等待，是没有意义的；当我们终于拥有了所要等待的东西时，这种等待才会升华为一种享受。比如，一个你期待已久的人，终于来到了你的身边，那种快乐……

天才是在忍耐中等待机会的。在人生的旅途上，几乎每个人都要受到命运之神的捉弄。也许你要比别人多付出几倍的努力才能换回成功的报酬，也许你要比别人多走许多弯路才能到达胜利的彼岸。但是，再多的磨难也压不垮有韧劲的东西，也摧不毁身上那股不服输的力量。所以，只要你拥有了忍耐的品质，有了恒心的坚定，有了一步踩下去就准备踏实地向前走的决心，那你就能成为命运的主宰者，就能成为自己的主人。就能让所有的痛苦都熔化在忍耐的热情当中，就能让所有的眼泪都在忍耐中化为一股轻烟！

生活的沧桑使生命埋下难言的隐痛，忍耐可以使人相信，隐痛必将消失，暴风雨过后的天空会更加明丽。颠沛的人生使人感到迷离恍惚，忍耐可以让你把难熬的寂寞、忧愤、艰辛强压在心底，不让它偷偷钻出来、漫开去，能让你保持心灵的天平达到平衡。

学会忍耐，学会在忍耐中锲而不舍地追求，在忍耐中更深刻地感悟人生。在忍耐中发愤，在忍耐中拼搏。永远记住：阻挡在你和重大成就之间的敌人就是缺乏耐心。只要你能勇敢地反省和检讨自己不够耐心的原因，然后一一去克服那些弱点，那你就能抓住人生中最有价值的东西。如果你发现自己缺乏毅力，只要在你要求成功的欲望之下燃烧起熊熊烈火，就可以弥补这个缺点。不管你的年龄有多大，也不管你的年龄有多小，只要你有一定的意识，有了一定的思考能力，你就应该培养自己拥有持久的耐心。它是每一个人都需要的，它能帮助你实现更多的目标。

如果你想有一番作为，你就要做好忍耐的准备！"天才，无非是长久的忍耐。努力吧！"法国著名小说家莫泊桑正是实践了福楼拜的这句赠言，最终成为世界文坛的一颗引人注目的明星。相信你自己，在耐力的鼓励下，也能有一番不同凡响的成就。

只要你学会了规则地呼吸，让你的心有了长跑的能力，那你就会在人生的马拉松比赛中坚持下来，就可能在这场比赛中取得理想的成绩，实现自己的梦想。

忍耐才能积蓄力量

大自然的法则就是物竞天择，适者生存。现在是竞争时代，这是世人皆知的道理。人们所欣赏的那些成功人物都是通过竞争和不断地创新而逐渐脱颖而出，成为各个领域的佼佼者的。

一位博击高手参加比赛，自负地以为一定可以夺得冠军，却不料在最后的比赛中，遇到一个实力相当的对手。双方皆竭尽了全力出招攻击，博击高手警觉到，自己竟然找不到对方招式中的破绽，而对方的攻击往往能够突破自己的防守。

他愤愤不平地回去找他的师父，在师父面前，一招一式地将对方和他对打的过程再次演练给师父看，并央求师父帮他找出对方招式中的破绽。

师父笑而不语，在地上画了一道线，要他在不擦掉这条线的情况下，设法让这条线变短。

博击高手苦思不解，最后还是放弃继续思考，请教师父。

师父在原先那条线的旁边，又画了一道更长的线，两者相比之下，原先的那条线看来变得短了许多。

　　师父开口道："夺得冠军的重点，不在于如何攻击对方的弱点，而在于让自己变得更强。"

　　正如地上的线一样，只要你自己变得更强，对方正如原先的那条线一般，也就无形中变得较弱了。如何使自己更强，才是你需要苦练的。

　　春秋时期，吴越两国相邻，战事不断。有一次吴王领兵攻打越国，被越王勾践的大将灵姑浮砍中了右脚，最后伤重而亡。

　　吴王死后其子夫差继位。三年以后，夫差为报杀父之仇，带兵前去攻打越国。公元前497年，两国在夫椒交战，结果这次吴国大获全胜，越王勾践被迫转移到会稽。吴王趁机追击，把勾践围困在会稽山上，越王勾践形势非常不妙。为了讨好吴王，勾践听从了大夫文种的计策，准备金银财宝和美女偷偷地送给吴国太宰，试图通过太宰向吴王求情。

　　吴王最后答应了越王勾践的求和，于是越王勾践表示投降，并和其妻一起前往吴国。为了表示忠诚和歉意，他们夫妻俩住在老吴王墓旁的石屋里，做看守坟墓和养马的事情。夫差每次出游，勾践总是拿着马鞭，恭恭敬敬地跟在后面。后来吴王夫差有病，勾践为了表明他对夫差的忠心，竟亲自去尝夫差大便的味道，来判断夫差病愈的日期。夫差病好的日期恰好与勾践预测的相合，夫差也认为勾践对他敬爱忠诚，于是就把勾践夫妇放回了越国。

　　越王勾践几年来的忍辱终于获得了回报，虽然处于劣势，可是他并没有被打倒，他反倒充满了斗志，立志要报仇，把昔日的王位和荣耀再次夺回来。为了不忘掉昔日的耻辱，越王勾践睡觉就卧在柴薪之上，坐卧的地方还挂着苦胆，时常含于口中，思忆一下曾经所经历的苦难。经过十年的准备，越国终于东山再起，恢复了强国的面貌，打败了吴国。

东汉王朝的开国皇帝刘秀也是个十分能忍耐的人。当时他只是起义军中的一个将军。他有个哥哥也在起义军中当将军。然而，起义军中的将领害怕他们兄弟力量太大，于是设计将他的哥哥给杀掉了。刘秀十分难过，但是他并没有和起义军的头领公开决裂。相反，他忍受了这种屈辱，同时还跟起义军头领讲和，起义军头领因此而对他疏忽防范。刘秀发展壮大后，报了杀兄之仇。

当明成祖还是燕王的时候也是个能忍耐的人。当时建文帝朱允炆意识到他可能谋反，于是要削夺他的实力。燕王这个时候还没有准备好，于是装作发疯的样子，麻痹建文帝派来监视的使者。建文帝看到这种情况，放宽了心。燕王待准备充分后，就立即起兵造了反。

如果当年孙膑忍受不了庞涓的羞辱，他最后也不可能报大仇，当然也不可能有举世闻名的《孙膑兵法》流传于世；如果司马迁忍受不了宫刑的羞辱，那么《史记》又从哪里来？如果司马懿忍受不了曹爽的行为，那么也就没有后来的晋朝。还有韩信忍受的胯下之辱，范雎忍受的屈辱，等等。真正成大事的人，不一定是旷世奇才，但一定有惊人的毅力，而这种毅力往往是在忍耐中表现出来的。

　　人要学会忍耐，因为很多东西是需要时间的。如果别人对自己有误会，也可以通过时间来证明。时间是最好的试金石，生活中的很多无奈完全可以交付给时间来检验。为此，自己也没有必要将这些包袱压在心头。

耐心等待下一个春天

逆境会让我们焦虑不堪，让我们神经紧张，让我们悲观失望。但是逆境能够让我们冷静下来，重新考虑自己所处的位置，思考自己面临的问题。也许就在这个时候，事情就有了转机，你就走上了通往成功的一条捷径。

约翰在威斯康星州经营一座农场，当他因为中风而瘫痪时，就是靠着这座农场维持生活的。

由于他的亲戚们都确信他已经没有希望了，所以他们就把他搬到床上，并让他一直躺在那里。虽然约翰的身体不能动，但是他还是不时地在动脑筋。忽然间，有一个念头闪过他的脑海，而这个念头注定了要补偿他不幸的缺憾。

他把他的亲戚全都召集过来，并要他们在他的农场里种植谷物。这些谷物将用作一群猪的饲料，而这群猪将会被屠宰，并且用来制作香肠。

数年间，约翰的香肠就被陈列在全国各商店出售，结果约翰和他的亲戚们都成了拥有巨额财富的富翁。

　　出现这样美好结果的原因，就在于约翰的不幸迫使他运用从来没有真正运用过的一项资源：思想。他定下了一个明确目标，并且制订了达到此目标的计划，他和他的亲戚们组成智囊团，并且以应有的信心共同实现了这个计划。别忘了，这个计划是因为约翰中风之后才出现的。

　　当你遇到挫折时，切勿浪费时间去算你遭受了多少损失；相反，你应该算算看，你从挫折当中可以得到多少收获和资产，你将会发现你所得到的比你所失去的要多得多。

　　你也许认为约翰在发现思想力量之前，就必然会被病魔打倒，有些人更会说他所得到的补偿只是财富，而这和他所失去的行动能力并不等值。约翰从他的思想力量和他亲戚的支持力量中，也得到了精神层面的补偿。虽然他的成功，并不能使他恢复对身体的控制能力，却使他得以掌控自己的命运，而这就是个人成就的最高象征。他完全可以躺在床上度过余生，每天只为自己和他的亲人难过，但是他没有这样做，反而带给他的亲人们想都没有想过的安全感。

　　长期的疾病通常会使我们不再看，也不再听。我们应该学习去了解发自内心深处的轻声细语，并分析导致我们遭到挫折甚至失败的原因。

　　爱默生对此事的看法是："发烧、肢体残障、冷酷无情的失望、失去财富、失去朋友，都像是一种无法弥补的损失。但是平静的岁月，却展现出潜藏在所有事实之下的治疗力量。朋友、兄弟、爱人的死亡所带来的似乎是痛苦，但这些痛苦将扮演着导引者的角色，因为它会操纵着你生活方式的重大改变，终结幼稚和不成熟，打破一成不变的工作、家族或生活形态，并允许建立对人格成长有所助益的新事物。它允许或强迫形成新的认识，并接受对未来几年非常重要的新影响因素。在墙崩塌之前，原本应该在阳光下种种花朵——种植那些缺乏伸展空间，而头上又有太多阳光的花朵——的男男女女，却种植了一片孟加拉椿树林，它的树荫和果实，使四周的邻人们因而受惠。"

时间对于保存这颗隐藏在挫折当中的等值利益种子，是非常冷酷无情的，找寻隐藏在新挫折中的那颗种子的最佳时机，就是现在。你也可以再检查一下过去的挫折，并找寻其中的种子。有的时候，我们会因为挫折感太过强烈而无法马上着手去找这颗种子。但是，现在你已有了更高的智慧和更多的经验，足以使你轻易地从任何挫折中学习它能教给你的东西。

有些时候，解决时间的残酷，只要你耐心等待一会儿，下一个春天就会来临。

成功就在于坚持一下

有很多为理想、为事业奋斗的人，他们往往在离成功还有一步之遥的时候却停止了脚步，面对失败与困难，他们气馁了、放弃了，功亏一篑，功败垂成。

如果你正在努力做某件事，暂时不能挪开路上挡住你的石头，不要紧，不必感到沮丧。那些在远处看起来大得吓人的困难，在你走近的时候会渐渐变小。只要你有足够的勇气与自信，随着你的不断前进，道路会为你展开。坚定你对自己的信心，你就能减弱困难程度。生命的成功和效率取决于坚定、持久的决心。

一、坚持不懈，改变人生

化妆品行业里很少有人不知道李菁和李礼这两个名字，这两朵姊妹花自1995年以来一直效力于法意公司，而这家公司先后作为纪梵希、范思哲、幽兰、安娜苏等国际知名化妆品品牌的中国地区总代理，曾在进口化妆品市场中独霸一方。李菁和李礼的名字也总是一起出现，一个是市场部总监，一个是销售部总监，她们曾为这些品牌在中国的推广创下了骄人的战绩。

这两个女孩都出生于20世纪70年代，受过良好的高等教育。可任何美好事物的背后都不像表面那么光鲜。刚出道时的李菁一身学生气，提着满满一箱化妆品的样品去拜访北京各大百货商场的化妆品经理，她曾被不分青红皂白地骂出门去："外语系毕业的小姑娘，不去外企大公司，跑到这儿来卖什么化妆品？也不怕掉价儿……"李礼的运气也好不到哪儿去，为了帮公司争取到优惠的合作条件，她曾在烈日炎炎下的马路边坐了六个小时，才把主事的人——商场业务主管堵到。

李菁和李礼是幸运的，至少她们选择了一项自己热爱的职业并为之努力。"你不知道刚开始有多苦，"李菁说，"我们根本没有休息日，白天盯销售，晚上盘库存。常常是商场一开门就冲进去，晚上关门后才出来。整日和销售员一起站着，做促销，搞活动。我们之所以可以坚持下来，就是因为从来没有把自己摆得过高。只有努力从基层做起的人才能稳扎稳打，能上能下。"无法想象她们曾在相当长的一段时间里，在一间没有空调、暖气，没有卫生间的简陋库房里工作，成箱的货品都是自己一级级从台阶搬上搬下的。那时真的很委屈，但还是坚持下来了。

无论是在职业的选择中，还是在工作和劳动中，很多成功往往属于那些身处逆境的人，他们没有良好的条件，没有捷径可走，也不希求外在机会的垂青，靠的就是坚持不懈而一举成名。

二、成功贵在持之以恒

图坦·卡蒙法老王墓挖出的宝藏就陈列在开罗博物馆内，其中的第二层楼大部分放的都是灿烂夺目的宝藏，像黄金、珠宝、饰品、大理石容器、战车、象牙与黄金棺木等，这些巧夺天工的工艺品吸引了无数的参观者和考古学家，然而要不是因为霍华德·卡特坚持决定再多挖一天，这些震惊世界的宝藏也许仍然难见天日。

1922年的冬天，霍华德·卡特几乎把所有可能出现年轻法老王墓的地方统统考察了一遍，仍然没有收获。然而，就当他们几乎放弃了可以找到法老墓的希望时，霍华德·卡特坚持让他的赞助商再提供一天的支援，他不甘心就这么轻易放弃。出乎众人意料的事，就发生在这一天的坚持，轰动了世界，改变了卡特的人生，他成功了。卡特在自传中这样写道："这将是我们待在山谷中的最后一季，我们已经挖掘了整整六季了，春去秋来毫无所获。我们一鼓作气工作了好几个月却没有发现什么，只有挖掘者才能体会这种彻底的绝望感；我们几乎已经认定自己被打败了，正准备离开山谷到别的地方去碰碰运气。然而，要不是我们最后垂死的一锤努力，或许永远也不会发现这座超出我们梦想所及的宝藏。最终，我们还是成功了。"

三、再坚持一下，跨越成功的那一步之遥

青年农民达比卖掉自己的全部家产，来到科罗拉多州追寻黄金梦。他围了一块地，用十字镐和铁锹进行挖掘。经过几十天的辛勤工作，达比终于看到了闪闪发光的金矿石。继续开采必须要拥有机器，他只好悄悄地把金矿掩埋好，暗中回家凑钱买机器。

当他费尽千辛万苦弄来了机器，继续进行挖掘时，不久就遇到了一堆普通的石头，达比认为：金矿枯竭了，原来所做的一切将一文不值。他难以维持每天的开支，更承受不住越来越重的精神压力，只好把机器当废铁卖给了收废品的人，"卷着铺盖"回了家。

收废品的人请来一位矿业工程师对现场进行勘察，得出的结论是：如果再挖三尺，就可能遇到金矿。收废品的人按照工程师的指点，在达比的基础上不断地往下挖。正如工程师所言，他遇到了丰富的金矿，获得了数百万美元的利润。达比从报纸上知道这个消息，气得顿足捶胸，追悔莫及。

也许，你离成功只有一步之遥，只要你再坚持一下，你就可以叩开成功的大门，但如果此时停住前进的脚步，就意味着你与成功失之交臂了。

第七章

学会选择，
关键时刻保持清醒的头脑

　　一生中我们要做大大小小、许许多多的选择，可是选择的出发点是什么呢？是对自己的定位。选择没有模式，适合自己就好。我们要认识自己，知道什么适合自己，自己期待着怎样的结果然后才去做选择，量身定做的选择才最适合自己。当然这不是一次可以完成的，不仅要建立在反馈基础上的自我动态调节，也要借助别人对自己的中肯意见。

　　选择重于努力，做选择、做决定是一件需要慎重对待的事情。人在情绪波动时，头脑是非常不理智的，这种时候，人们往往会做出非常愚蠢的选择而自以为是，也会做出非常危险的举动而大义凛然。这个时候所做的选择，90%以上都是错误的。因此，选择要慎重，切忌草率做决定。

多思考，凡事要三思而后行

　　"三思而后行，谋定而后动"是克服冲动的最佳良药，是古代先贤留下的不朽名言。三思而后行，思考些什么东西呢？思考的是问题的根源和起因。问题发生后，就需要知道发生问题的根源是什么，导致问题的诱因是什么。只有当这些问题的正确答案都找到后，才能考虑解决的方法。千万不能急于行动而不去思考。

　　之所以要三思，是因为问题的发生是很多原因导致的，其背景是复杂的，单凭直觉很难得出正确结论，往往需要一段时间的分析归纳或者调查研究，才能理出头绪，而且也有被人制造假象、提供虚假线索的可能，一不小心就有误入歧途的危险。所以，思维必须要精细缜密。思考一遍还不够，还需要检查一遍，然后在行动之前还要复查一遍，确保行动万无一失。

　　三思以后，在解决问题的方案上，还要再考虑，这就是"谋定而后动"的道理。"谋"就是计划、方略，是解决问题的方针和策略。只有行动方针确定了，才能采取行动。这种行动方针是经过思考的，而不是那种本能冲动想到的。谋略思考是为了寻找合适的方案。本能冲动型的人总是只想到一种行动，只考虑解决面上的问题，对后续行动和影响却从不考虑。仔细考虑对策后，就有可能既把问题解决，又避免了出现负作用。这样才能使问题得到圆满解决。

谋定而后动就需要在发生问题时沉着镇静，不急于采取行动，而是静下心来想一想。心急的人往往会不耐烦地催促赶快采取行动，因为他们总是担心时间紧急，再不采取行动就来不及了，其实越着急就越容易出差错。如果事先没有考虑好，路子没走对，反而会耽误时间。所以，中国古代有句俗话，"磨刀不误砍柴工"。先把刀磨快了，看起来耽误了工夫，但是在砍的时候由于刀刃锋利，效率高，反而节省了工夫。也像出门开车，事先把地图看好了，顺着标志一路开去，就可以不绕弯路，节省时间。如果慌忙上路，看起来节省了看地图的时间，但是一旦走错了路，可能就会浪费比看地图长很多倍的时间。

虽然说"条条大路通罗马"，但是肯定有最便当、最短路程的捷径。我们不可能一条条地找，然后才发现最短的路。如果事先花时间研究，问清路线，就可以免去在路上摸索的时间，这样一出发就能走上最佳的路线。解决问题也是这样，一个问题可能会有许多解决方案，但是肯定有的方案是不好的，有的方案可以省时省事，其中肯定有一个最佳方案。而谋定就是要找到最佳方案。

一位老爷爷曾经用纸给自己的小孙子做过一条长龙。长龙腹腔的空隙只能容纳几只半大不小的蝗虫慢慢地爬行过去。但爷爷捉过几只蝗虫，投放进去，它们都在里面死去了，无一幸免！

爷爷说："蝗虫性子太躁，除了挣扎，它们没想过用嘴巴去咬破长龙，也不知道一直向前可以从另一端爬出来。因此，尽管它有铁钳般的嘴壳和锯齿一般的大腿，也无济于事。"

当爷爷把几只同样大小的青虫从龙头放进去，然后再关上龙头，奇迹出现了：仅仅几分钟时间，小青虫们就一一地从龙尾默默地爬了出来。

蝗虫的死是因为它不懂得去思考，只知道不停地挣扎，所以只有死路一条；而青虫却恰恰相反，它懂得思考，果断选择放弃，所以最后它们活下来了。

人类也是一样，所以，凡是冲动型的人，一定要认识到自己的莽撞行事往往会带来更多、更大的麻烦。要时刻记住作家王蒙的话："在任何处境下保持从容理性的风度。心存制约，遇事三思，留有余地。"让自己成为有勇有谋的人。

选择从找准自己的闪光点开始

选择从找准自己的闪光点开始。在报考专业的时候为自己选择一条合适的路对很多人来说可能是一件困难的事，但实际上任何一个人都有他的优点和长处。你的发光点，其实就是你在自己的人生道路上为自己所选定的人生坐标。找准了这个坐标，你就能够轻松地选对适合你的路，并且充分发挥自己的聪明才智，实现你的人生价值。

我们都需要了解自己的爱好和特长，并且充分利用它们。这就如同一个射击手要想取得十环的好成绩，不仅要具备良好的枪法，也应该有好的准星，只有两者结合起来，才能最终使子弹准确无误地射向靶心，一枪中的。

正当20世纪30年代美国经济危机的时候，里根在堪萨斯州一个公众游泳池做救生员。他经济拮据，无方向感，一事无成，不知所措。

有一天，当地的一位名人爱斯杜拿到那里游泳，与里根闲谈起来，这位先生一向是以乐观自信著称的。

"经济衰退不会持续很久的。有志向上的年轻人应该懂得把握好这个时机，在这段时间内学习创业的窍门；当经济开始复苏，机会的大门便会打开，而这些懂得把握时机的年轻人便会成为国家未来的主人翁。"爱氏对里根说。

里根那个时候最关注的是一个月后是否会失业，根本就没有兴趣去聆听这些"过分乐观"的话语。

"年轻人，你喜欢在未来的数十年做些什么工作？"爱氏没有在意里根那无奈的表情，继续追问。

"先生……我没有想过。"刚刚满20岁的里根怯懦地说。

"没有想过现在就要好好地想一想。"这位善良的长者丝毫不肯放松。里根本来想告诉爱氏他的志愿是当演员，但他没有这个胆子，于是，他说："我希望做一个电台的体育评述员。"爱氏接下来的一番话，对里根的一生产生了决定性的影响。

"你要相信自己——只要你肯做，你就会做到。每一个人都可以有美好的将来——只要他肯敲门、肯尝试、肯努力！"

就是因为这句话，堪萨斯州的洛维汝公园少了一个救生员，而美国多了一位伟大的总统——由救生员到三流演员到加州州长再到美国总统，里根终于实现了人生的超越。

日本著名学者本村久一曾经在他的《早期教育与天才》一书中说："天才人物指的是有毅力的人、勤奋的人、入迷的人和忘我的人。但是，千万不要忘记：毅力、勤奋、入迷和忘我的出发点实际上在于兴趣。有了强烈的兴趣自然会入迷，入了迷自然会勤奋、有毅力，最终达到忘我。因此，我特别想说的是，天才就是强烈兴趣和顽强入迷。"的确，一个人无论是干什么工作或从事什么职业，只要有了兴趣，他就能发挥自己的思维力、想象力和创造力，所以我们在认识自我时，首先要了解自己的兴趣所在，这对于挖掘我们自己的"金矿"有着至关重要的意义。

当然，有时候，兴趣并不能代表一切，一个人的"发光点"不是简单的爱好所能决定的，要真正地认识自己，还必须了解自己的性格，因为性格对于一个人的发展影响深远。某些特定性格的人比较适合于从事某些特定的工作；而某些特定的工作也需要一定性格特征的人来从事。例如，以理智去衡量一切并支配其行动的人，比较适合于从事某项理论的研究工作；而那些情绪波动较大，情感因此较为强烈的就不大适合于从事理论研究工作，否则对理论研究的严肃性和严密性会造成一些消极影响。又比如，交往性的工作或管理工作比较适合于性格活泼好动、敏感、喜欢交际的人去从事；难度较大的工作则适合于精力旺盛、具有直率热情性格的人去从事，等等。当然，性格对人生坐标的影响也并不是绝对的，我们往往还需要结合自身的智力水平，包括社交能力、抽象思维能力和实际操作能力等去综合考虑自己的发展方向。

总之，选择需要量身定做，一个人只有在真正认识自己的"闪光点"时，才能全面、客观和公正地评价自我，才能少走弯路，多一点成功的把握。

草率决定必埋隐患

你肯定有草率行事而失败的时候，这并不奇怪，仅凭一时的冲动就盲目行动只能带来失败。"先了解你要做什么，然后去做。"对行事一贯草率的人来说，这是很好的座右铭，尤其是前半句。假如决断和行动力是迈向成熟的必要条件，则表示我们所采取的行动，事先必须做出良好的分析与判断。

"行事之前先想仔细"或"投资之前先仔细研究"并不表示我们做事犹豫没有决断能力，做事果断并不等于鲁莽行事。这些话的意思是要告诫我们：采取行动千万不可鲁莽、仓促，要认清事实真相再采取相应的行动。

假如医师在抢救病人的时候，没有事先把病人的情况弄清楚就开始抢救工作，则很有可能给病人带来生命危险。在许多情况之下，立即行动的确是必要的，但是立即行动并不代表不去思考就草率地去行动。我们且举一个较为明显的例子来看：

住在新奥尔良市的鲍曼太太，好几年前曾为了财务问题而烦恼不已。她有一位年老多病的母亲住在布鲁克林，由两名女人负责照料她的起居。鲍曼太太后来发觉很难维持这样的开销，而一位时常在财务上资助她的叔父，也在这时打电话向她表示是否可以减少开支，如减少那两名看护女人的费用，或缩减房屋的维修费，等等。

鲍曼太太一时不知该如何是好，便要求让她好好想一下，等做了决定之后再回电话给他。鲍曼太太十分感激这位叔父长期的资助，也觉得应该想办法减轻这位叔父的负担。

"我取来一些纸张，然后开始分析。"鲍曼太太描述道，"我先把母亲的收入列出来，如有价证券、叔父给她的补助等，然后再列出所有开支。没多久，我便发现母亲在衣、食方面的花费极少，但那栋拥有11间房的住所却得花一大笔钱来维持——光是每月的瓦斯费就得二三十块钱，再加上各种杂项开支和税金，还有保险费等，为数十分可观。当我看到这些白纸黑字的证据，便知道事情该如何处理了——那房子必须解决掉。

"从另一方面来看，母亲的身体越来越坏，我担心再让她长途跋涉可能不太妥当。她一直希望能在那栋房子度过余生，我也愿意尽可能满足她的愿望。于是，我去拜访一位医师朋友，请他给我一些意见。这位医师认识一名经营私人疗养院的女人，地点离我们住的地方只有三分钟路程。

"这位女人不但心地好，人又能干，所收的费用也极合理，因此我决定把母亲送到她那里去，让她来照顾。"

这件事处理的结果，对每个人来说都十分理想。鲍曼太太的母亲受到极好的照顾，一直还以为她仍住在家里。鲍曼太太现在每天都能抽空去探望她，而不是每星期一次。她叔父的负担减轻了，她们的财务问题也获得解决。此次经验告诉鲍曼太太，假如把问题写下来，便能完整、清楚地看到所有的事实，问题往往便也迎刃而解了。

鲍曼太太的例子，很清楚地显示出：能否做好一件事，往往要看事前的分析。假如鲍曼太太没有好好去研究问题所在，也没有好好去组织要采取的步骤，而是草率地做出选择采取行动，则很可能不但不能解决财务问题，甚至还会严重影响到母亲的健康。

这种把事实列在纸上，让它们自己把问题或解决方法显现出来的方式，在处理财务问题方面尤其有用。而如今，很少有人不会在财务方面碰到麻烦。

住在伊利诺伊州奥尼市的一对年轻的霍华德夫妇也有这样的经历。像许多新婚夫妇一样，霍华德先生和太太在蜜月后不久，便发生了财务问题。那时正值第二次世界大战期间，霍华德先生必须进入海军服役，但他们的许多账单还没有付清。霍华德先生和太太知道光是发愁没有什么用处，便坐下来盘算如何渡过难关。

事实是这样的：他们几乎欠镇上每一家商店的钱。虽然欠得都不多，却也没有办法在入伍之前全部还清。为了保持良好的记录，他们最后决定每个月向每家商店偿付一点钱。事实上，最困难的大概就是去面对那些商店老板，并向他们说明自己无法在入伍之前把债务还清。但出乎霍华德先生的意料，当他向第一家商店老板说明他的困难，但表示愿意每月逐渐付清款项的时候，老板的态度十分和蔼，使他不禁松了口气，剩下的几家也都进行得十分顺利。结果，这些债务后来都还清了，有家商店老板甚至在他退伍回家之后还特地来找他，表示感谢他遵守诺言。

总而言之，若不是霍华德先生事前先坐下来仔细分析状况，他们就很难做出适当的决定，并且付诸实行。事实证明，他们当初的决定是对的。我们之间有许多人常常没有像霍华德先生这么做，在行动之前从来不坐下来仔细研究一下究竟是什么在困扰着我们，从而做出正确的选择。相反，我们常常为问题而辗转反侧，一再拖延做决定的时间；或者我们没有经过仔细研究，便在短时间内做出仓促决定。结果不但没有使问题得到解决，反而使问题更恶化。

霍华德先生的分析十分简单，稍微动动脑筋谁都能做出这样的分析，但是当事到临头的时候，又有几个人顾得上分析一下当前的情况呢？他们往往认为时间紧迫，就马上开始行动了。行动能力的确是成熟心灵的必备条件之一，但必须有知识和理解作基础，才能避免毫无价值的草率行为。

盲目选择会让人更加迷茫

有一个年轻人，因为对自己的工作不满意，他跑来向人力资源专家咨询。他自己的生活目标是：找一个称心如意的工作，改善自己的生活处境。从他的要求来看，这个年轻人的生活动机似乎不全是出自私心而且是完全有价值的。

"那么，你到底想做点儿什么呢？你自己清楚吗？"专家问。

"我也弄不太清楚，还没有认真考虑过。"年轻人犹豫不决地说，"我还没有认真地规划过这个问题。我只知道我的目标不是现在的这个样子，需要改变一下。"

"那么，你清楚自己的爱好和特长吗？"专家接着问，"对于你来说，你考虑过什么是最重要的吗？"

"这个问题我也不知道。"年轻人回答说。

"如果现在有多种工作让你选择，你知道自己选择什么吗？你能做肯定的回答吗？"专家对这个话题穷追不舍。

"我真的说不准。"年轻人困惑地说，"我真的不知道我究竟喜欢做什么样的工作，现在我确实应该好好考虑考虑了。"

"那么，你看看这里吧，"专家认真地说，"你想离开你现在所处的位置，到其他的地方去是可以的。但是，在你走之前，你知道你想去哪里，不知道你喜欢做什么，也不知道能做什么，会有什么样的结果。如果你真的想做点儿什么，那么，现在你必须拿定主意，除此以外别无他途。"

专家对年轻人进行了彻底的分析，同时对这个年轻人的能力进行了测试，结果发现这个年轻人对自己所具备的才能还是一无所知。

根据多年的经验和实践，他知道，对任何人来说，前进的动力都是不可缺少的。因此，他教给年轻人培养信心的技巧，并且鼓励他战胜各种困难。

多年以后，当这位年轻人已经踏上成功征途的时候，一直念念不忘当年专家给予他的指导和激励。

许多人在生活中之所以一事无成，只能平庸地了此一生，也许有各方面的原因，但最根本的在于他们没有从自身出发做选择，而是像一只没有方向的苍蝇乱撞。在人生的道路上，明确自己的目标和方向是非常必要的，一个人只有知道自己的目标是什么、到底想做什么之后，成功才会向他招手。盲目选择的结果，只会让迷雾中的人更加迷茫。

适合自己的才是最好的

一个人如果竭尽全力去做一件事，而最终却失败的原因并不是他没有能力把事情做好，而是因为他选择的事情不太适合自己。

生活中有许多人正在从事与自己天性格格不入的职业，而做自己不擅长的事情往往会徒劳无益。因为这些人总是相信，投身于时下最为热门的行业，就俨然处于社会光环的中心，就会得到权力、地位和财富，实现自我的价值。不过，等他们用尽毕生的力气追求之后，他们才恍然大悟，原来自己真正应该做的事情没有做，自己所追求的很多热门根本不适合自己，或者根本就没有意义。

当每一个人都选择了适合他的工作时，这就标志着人类文明已经发展到了至高境界。只有找到了适合自己的位置时，人们才有可能获得理想的成功。就像一个火车头一样，它只有在铁轨上才是强有力的，一旦脱离轨道，它就寸步难行。

所以，我们必须让自己处在真正适合自己的位置上，完成所应该完成的工作，承担应该承担的职责。如果你的天赋和内心要求你从事木工工作，那么你就做一个木匠；如果你的天赋和内心要求你从事医学工作，那么你就做一个医生。如果你没有任何内在的天赋，或者内在的呼声很微弱，那么，你就应该在你最具适应性的方面和最好的机会上慎重地做出选择。

一、选择适合自己的角色

卡耐基曾经这样总结自己的教训："当我由密苏里州的乡下到纽约去的时候，我进了美国戏剧学院，希望做一名演员。我当时有一个自以为非常聪明的想法，一条到达成功的捷径，这个想法非常简单，也非常完美，所以我不懂得为什么成千上万富有野心的人居然没有发现这一点。这个想法是这样的，我要去学当年那些有名的演员怎样演戏，学会他们的优点，然后把每一个人的长处学下来，使自己成为一个集所有优点于一身的名演员。多么愚蠢！多么荒谬！我居然浪费了很多时间去模仿别人，最后终于明白，我一定得维持本色，我不可能变成任何人。我对自己说："你一定得维持自己的本色，不论你的错误有多少，能力多么有限，你也不应该变成别人。不要模仿别人，让我们找到自己，保持本色。'于是，我不再试着做其他所有人的综合体，而卷起我的袖子来，做了我最先就该做的那件事：我写了一本关于公开演说的教科书，完全以我自己的经验、观察，以一个演说家和一个演说教师的身份来写。"

卡耐基取得了成功，因为他终于明白了自己的社会角色，及时调整了自己的方向，从适合他自己的角度来从事社会活动。

二、选择适合自己的职业

作家斯贝克一开始并没有意识到自己会成为作家，曾几次改行。开始，因为他身高1.9米多，爱上了篮球运动，成为市男子篮球队员。因为球技一般，年龄渐长，又改行当了专业画家。他的画技也无过人之处，当他给报刊绘画时，偶尔也写点短文，终于发现自己的写作才能，从此走上了文学创作的道路。

达尔文学习数学、医学呆头呆脑，一摸到动植物却灵光焕发；阿西莫夫有一天突然发现："我不能成为一个第一流的科学家，却能够成为一个第一流的科普作家。"于是，他把全部精力放在科普创作上，终于成了世界最著名的科普作家之一。

伦琴原来学的是工程科学，在他老师的影响下，做了一些物理实验，逐渐感觉到自己干这一行最适合，后来终于成了一个有成就的物理学家。

德国作曲家亨德尔在尚未学会说话时就开始学习演奏乐器。10岁时就创作了6首乐曲。亨德尔的父亲是宫廷理发师，他希望儿子成为律师，看到儿子如此爱好音乐，十分担忧，并采取了严厉的措施，禁止儿子演奏乐器，甚至不让儿子上小学，因为小学有音乐课。可亨德尔根本就不理会父亲的苦心，白天不行，他就在夜深人静时起来练琴，为了不被人发觉，只好不出声地练。他终于成为与巴赫齐名的音乐巨匠。

我们选择职业时，要注意的是特长与职业的匹配。比如擅长形象思维的人，较适合从事文学艺术方面的职业和工作；擅长逻辑思维的人，则比较适合从事哲学、数学等理论性较强的工作；擅长具体思维的人则较比较适合从事机械、修理等方面的工作。总之，找到发挥自己优势的最佳职业，才能发挥我们自身最大的潜能。

清楚明白不含糊，选择便不再难

　　很多时候，人们常常觉得选择难，往往难在对要选择的事情不清楚、不明白。拿破仑曾经说过："清楚明白不含糊，一切会与之俱来。"这就是告诉我们要对所选择的事情清楚明白。这样就有利于分析利弊，从而做出正确的选择。

　　拿破仑当年就是由于熟知法国、意大利的地图及阵地配置，也非常精通每种火炮的精度、射程及性能，也熟悉手下将领的能力。

　　正因为提前做了精心的准备，拿破仑才能横扫欧洲，让人闻风丧胆。

　　很多人在工作中总觉得很难，业务很难发展。其实，不管从事什么行业，只要对你所从事的东西有异于常人的了解，你就能成功。做业务不仅要熟知辖区业务单位的人员情况、经营状况，还要了解一些辖区经济布局和政策环境，了解得越细，做业务就越顺手。

　　王强在一家医药公司的市场推广部找到了一份工作，主要是出去跑业务、搞推广。而李明大学毕业后就一直没有找到合适的工作，对王强很是羡慕，王强却谦虚地说他自己的工作"不值得一提"。

一天，王强到李明的家来玩，他们吃完饭后就去附近的小超市闲逛。李明忽然感到一阵内急，王强对李明说："你出了小超市走过人行天桥，然后向右转，再走100米就有一家星级厕所，男卫生间在二楼，一次收费5元。"

李明摇摇头说："一次5元，收费太贵了。"

王强拍了拍李明的肩膀说："那你就去一次收费1元的平价厕所吧！也是要走过人行天桥，然后向左转，走上50米会看见一条巷子，进去后就可以看见那个公厕了。"

李明还是摇摇头说："我只想去免费的厕所。"

王强听了，笑着说："幸亏你和我在一起！你走出超市直接向右转，走个200米就会看见一家新开张的酒店，不要理会迎宾小姐直接进去，在酒店二楼2015包房侧面就是男卫生间了，很干净，而且洗手液、干手器都有。"

"免费厕所不错，但是距离太远了，我可能等不及了。"李明尴尬地说。

"就近解决问题也可以，不过那间厕所的卫生条件不太好。紧邻这家超市的那栋老建筑，三楼有个网吧，网吧里的厕所不分性别，关上门就可以方便，你快去吧！"

完事后，李明感激地看了王强一眼，好奇地说："王强，你家又不住在这里，怎么找起厕所来都比我还熟啊？"

"这是我的工作。"王强说。

"你不是在医药公司的市场推广部工作吗？"李明疑惑地问。

"是啊！公司安排我负责在这个片区的所有公共厕所里安装'治疗痔疮良药温馨提醒您——来也匆匆，去也冲冲'的小广告牌，我当然要熟悉业务。"王强平静地说。

是啊，每一个人必须对自己所从事的工作熟悉。试想，如果不熟悉又怎么能做出正确的决定呢？所以，不论你现在从事的是什么职业，从现在开始就专心研究，熟悉自己的业务知识吧！

第八章

懂得放弃，
你才能轻松前行

舍得既是一种生活哲学，更是一种做人处世的艺术。

人生路坎坷的时日居多，升学、工作、晋级、成家等每一个环节都不可能一帆风顺，大部分时间人在负重而行，领导同事的误会、工作上的摩擦、生活上的不如意都是令人难过的源泉。这时候，人就得有负重而行的心理承受力，否则不够宽容，不够豁达，不会变通，最终会把自己逼入死角。放下包袱吧，生命之舟需轻载。

不要有太重的得失心

有这样两个故事。

第一个故事是法国有一家报纸曾经刊登过一个智力问答：如果卢浮宫发生火灾，此时，你只能拿出去一幅名画，你会选择哪一幅？很多人回答说当然要达·芬奇的《蒙娜丽莎》，可是这幅"永恒的微笑"在最里面的展馆。最后一位社会学家做出了最正确的回答：拿离出口最近的一件。理由很简单，因为这样最容易实现。

第二个故事是有一架飞机坐着三个人，其中一个是物理学家，一个是总统，还有一个是哲学家。突然之间，飞机发生了故障，必须让其中的一个人跳伞以减轻飞机的负重，请问在这个时候你会选择哪一个？结果是众说纷纭。答案是选择体重最重的一个。理由也很简单，这样可以保证飞机最小负重，保证安全。

一个人的得失心不要太重了，太重了会影响自己的成长。人生难得平常心。放下得失心，人生才会更从容。

人一旦有了得失心，就会患得患失，结果未必能如愿；如果能保持一颗平常心，反而会有意想不到的收获。

要想让自己活得快乐，就要学会放弃对痛苦的执着，顺其自然，以坚强的心态勇敢地接受无法改变的事实。

30年前，有一个年轻人想要离开故乡，去创造自己的前途。根据乡里的规矩，他动身的第一站应该去拜访本族的族长，以便求得指点。

当这个年轻人去见族长时，族长正在练字。当族长听说他想离开故乡去外地闯荡闯荡，想了想，就立即挥毫写了三个字：不要怕。然后望着年轻人说："其实人这一生的秘诀没有什么，只有六个字，今天我可以先告诉你三个，我想这三个字已经够你半生受用了。"

30年过去了，当初离家的那个年轻人已经到了中年，取得了一些成就，但是也有了许多伤心事。此时他特意回到了家乡，去见那个族长。

很快他来到了族长家，不过不幸的是，族长在几年前就已经去世了。然而族长的家人却取出一个信封给这个人，对他说这是族长留给他的东西。这个时候，还乡的游子才想起来30年前他还有一半的人生秘诀没有听到，打开信一看，里面赫然又是三个大字：不要悔。

"不要怕，不要悔"，这是对人生比较深刻的体会。人生无所谓失败，所以不要去害怕什么。别人能做到的，自己同样能够做到；别人做不到的，自己为什么不能做到？有了这种感悟，就不要再担心以后会发生什么。

　　后悔是一种耗费精神的情绪，后悔是比损失更大的损失，比错误更大的错误。往者不可谏，来者犹可追。过去的事儿就让它过去吧，后悔也没用，反而会让自己精神萎靡，因此把握好未来，吸取经验，不要再让自己那么后悔啦！

舍是为了更好地得

人生需要归零。每过一段时间，人都要将自己清零，都要学会从心态上重新开始，在新的起跑线上，有动力，没有包袱，最后才能获得成功。

有一个国王，他晚上做了个梦，梦见神人告诉他一句话，说只要记住这句话，就能够得到一辈子的幸福。然而醒来后国王竟然忘记了那句话。国王绞尽脑汁都没有想起来，于是问大臣，有没有一句话，听了以后会让人得到一辈子的幸福。大臣都摇头，说好像没有。国王求一句箴言的消息很快就传开了。过了三个月，一个已经告老还乡的老臣求见国王，他对国王说他知道那句话，不过还请国王先给他一枚戒指，他打算把那句话刻在戒指上。国王于是给了他一枚戒指。两天后，老臣把戒指还给了国王。国王一看，戒指上赫然刻着"一切都会过去"六个字。国王顿时想起，这正是梦中神人说的话。

一切都会过去。请永远记住，每天都应该有一个新的开始，都应该有个积极的心态。千万不要让既成的事实成为一种包袱，既不要因为种种遭遇而垂头丧气不思进取，也不要因为过去的种种荣耀和成就而趾高气扬，不可一世。

人需要清空自己心中的一些沉淀，这些东西只会成为自己成长路程中的包袱，该放手时且放手。

很多东西，该放手的时候就要放手。放手是为了更好地获得。

对于荣誉，大可不必放在心上。荣誉是努力的副产品，其实在努力的过程中，人们已经体验到了成功。

有一对父子做瓷娃娃去卖。父亲做的瓷娃娃每个能卖五元钱，儿子刚开始做的时候，每个瓷娃娃只能卖一元钱，后来儿子很是努力，加上父亲总是鞭策他，他的瓷娃娃越做越好，很快就卖到了五元钱。到这个时候，儿子仍然没有放松努力，继续坚持，最后一个卖到了十元钱。儿子有些志得意满了，父亲狠狠批评了儿子。儿子很不服气，对父亲说："我的瓷娃娃一个能卖十元钱，而你的只能卖五元钱，你有什么资格批评我？"父亲一听，长长地叹了一口气说："以后你的瓷娃娃永远都只能卖十元钱了。"最后结果果然如此。父亲年轻的时候也跟儿子一样，因为他的父亲的瓷娃娃只能卖三元钱，等到自己做到五元钱的时候就志得意满了，所以卖了一辈子五元钱的瓷娃娃。

人难免有很多得意与失意。得意不必狂喜，失意不必伤悲。得意的时候应该想到会有失意，而失意的时候更应该明白成功或许就在这失意中。对于伟人和凡人而言，过去的都已经成为过去，在新的起点上，要取得成就，就必须有一种成功者的心态，而且不要将过去的经历当成包袱背在身上。

放弃将收获另一种美丽

"不以物喜，不以己悲"，"宠辱不惊看庭前花开花落，去留无意望窗外云卷云舒"，如果说这种境界是我们普通人难以企及的，那我们就学会放弃吧，放弃同样也是另一种美丽。在很多时候，也是一种明智的选择。

非洲土人会用一种奇怪的狩猎方法捕捉狒狒：在一个固定的小木盒里面，装上狒狒爱吃的坚果，盒子上开一个小口，刚好够狒狒的前爪伸进去，狒狒一旦抓住坚果，爪子就抽不出来了，因为狒狒有一种习性，不肯放下已经到手的东西。人们常常用这种方法捉到狒狒。

人们总会嘲笑狒狒的愚蠢，为什么不松开爪子放下坚果逃命呢？但人们为什么没有审视一下自己呢？并不是只有狒狒才会犯这样的错误。

人的欲望也是如此。因为舍不得放弃到手的职务，有些人整天东奔西跑，荒废了正当的工作；因为舍不得放下诱人的钱财，有人费尽心思，不惜铤而走险；因为舍不得放弃对权力的占有欲，有些人热衷于溜须拍马、行贿受贿；因为舍不得放弃一段情感，有些人宁愿岁月蹉跎……人总是这样，总是希望拥有一切，似乎拥有的越多，人越快乐。可是，突然有一天，我们忽然惊觉：我们的忧郁、无聊、困惑、无奈，都是因为我们渴望拥有的东西太多了，或者太执著了。不知不觉中，我们已丧失了一切本源的快乐。

放弃那段令你困惑烦恼的情感吧，既然那段岁月已悠然逝去，那个背影已渐行渐远，又何必要在一个地点苦苦守望呢？挥一挥手，果断地放弃，勇敢地向前走，前方有更美的缘分之花在为你开放！

学会放弃吧！放弃失恋的痛楚，放弃受辱的仇恨，放弃满腹的幽怨，放弃心头难以言说的苦涩，放弃费神的争吵，放弃对权力的角逐，放弃对名利的争夺……

生活中，外在的放弃让你接受教训，心理的放弃让你得到解脱，生活中的垃圾既然可以不皱一下眉头就轻易丢掉，情感上的垃圾也无需抱残守缺。

学会放弃吧，朋友！在物欲横流的今天，许多事情需要你做出选择，而有选择就有放弃。要想得到野花的清香，必须放弃城市的舒适；要想达到梦的彼岸，必须放弃清晨甜美的酣睡；要想重拾往日羊肠小道的温馨，必须放弃开阔平坦的公路……人生苦短，若想获得，必须放弃。放弃，让你可以轻装前进，忘记旅途的疲惫和辛苦；让你摆脱烦恼忧愁，整个身心沉浸在悠闲和宁静之中。

放弃不仅能改善你的形象，使你显得豁达豪爽得到朋友的依赖，使你变得完美坚强，会带给你万众瞩目，使你的生命绚丽辉煌，还会使你变得聪明能干，更有力量。

学会放弃吧，凡是次要的、枝节的、多余的，该放弃的都放弃吧！

其实，生活原本是有许多快乐的，只是我们常常自生烦恼，"空添许多愁"。许多事业有成的人常常有这样的感慨：事业小有成就，但心里却空空的。好像拥有很多，又好像什么都没有。总是想成功后坐豪华游轮去环游世界，尽情享受一番。但真正成功了，却没有时间没有心情去了却心愿，因为还有许多事情让人放不下……

对此，台湾作家吴淡如说得好："好像要到某种年纪，在拥有某些东西之后，你才能够悟到，你建构的人生像一栋华美的大厦，但只有硬体，里面水管失修，配备不足，墙壁剥落，又很难找出原因来整修，除非你把整栋房子拆掉。

"你又舍不得拆掉。那是一生的心血，拆掉了，所有的人会不知道你是谁，你也很可能会不知道自己是谁。"

仔细咀嚼这段话，不就是因为"舍不得"吗？

很多时候，我们舍不得放弃一个放弃了之后并不会失去什么的工作，舍不得放弃已经走出很远很远的种种往事，舍不得放弃对权力与金钱的角逐……于是，我们只能用生命作为代价，透支着健康与年华。不是吗？现代人都精于算计投资回报率，但谁能算得出，在得到一些自己认为珍贵的东西时，有多少和生命息息相关的美丽像沙子一样在指掌间溜走？而我们却很少去思考：掌中所握的生命沙子的数量是有限的，一旦失去，便再也捞不回来了。

佛家说："要眠即眠，要坐即坐。"这是多么自在的快乐之道啊，倘使你总是"吃饭时不肯吃饭，睡眠时不肯睡，千般计较"，这样放不下，你又怎能快乐呢？

庄子云："人生天地之间，若白驹过隙，忽然而已。"哲人的结论难道不能使人有些启迪吗？我们为何不提得起、放得下、想得开，做个快乐的自由人呢？

放下，心灵载不动许多愁

有一个人，他的性情并不是很开朗奔放，但他对待事情几乎从不见有焦躁紧张的时候。这并不是他好运亨通，而是他有一些与众不同的反应方式：比如，他被小偷扒走了钱包，发现后叹息一声，转身便会问起刚才丢失的身份证、工作证、月票的补办手续。一次，他去参加电视台的知识大赛，闯过预赛、初赛，进入复赛，正扬扬得意之时，却收到了复赛被淘汰的通知。他发了几句牢骚，随即又兴致勃勃地拜师学起桥牌来。

第二次世界大战期间，丘吉尔到北非蒙哥马利将军行辕去闲谈时，蒙哥马利将军说："我不喝酒，不抽烟，到晚上10点钟准时睡觉，所以我现在还是百分之百的健康。"丘吉尔却说："我刚巧跟你相反，既抽烟，又喝酒，而且从不准时睡觉，但我现在却是百分之二百的健康。"很多人都认为是怪事，丘吉尔这样一位身负第二次世界大战重要指挥官的重任，工作繁忙紧张的政治家，生活这样没有规律，何以寿登耄耋，而且还百分之二百的健康呢？

只要稍加留意就可知道，他健康的关键全在持之以恒的锻炼、轻松的心情。毫无疑问，丘吉尔既抽烟又喝酒且不准时睡觉，这些并不足为训。但是我们是否知道，丘吉尔即使在战事最紧张的周末还去游泳，在战争白热化的时候还去垂钓，而且他刚一下台就去画画，估计很多人也没见他那微皱起的嘴边斜插着一支雪茄的轻松心情吧！

我们不妨学着丘吉尔那样给自己的心情放个假吧！因为心灵是载不动许多愁的。每天晨起就给自己一个期望，当睁开眼睛之后，就想着我今天可以去做什么并把它完成。活得有目标，做起事来就会更有劲，对自己许下的心愿，任谁都会很乐意，并且很勤快地完成它。在工作的过程中，可以发觉乐趣、激发脑力，甚至有更佳的创意产生，这都是我们能力的展现及潜能的发挥，也是自我理想的实现。生命的意义，并不一定要建立在丰功伟业上，任何一点小小的成果，也同样可以显示出生命的价值。

人生的戏剧，我们自己是编剧、是导演、是演员。这出戏，我们想如何演，一切都掌握在自己的内心中。外在世界的舞台是否完美宽大，布景是否华丽美观，都不会影响我们的演出。因为，只要我们能打开心窗，天地、时空就是我们最佳的舞台；同时也是我们最华美的布景，在这样的情境中，我们应该尽心尽力地舞出生命的活力，歌咏出生命雄伟的乐章。

在现实生活中，要想使自己心情轻松，就必须遵循以下要诀。

一、知止

《大学》说："知止而后有定，定而后能静，静而后能安，安而后能虑，虑而后能得。"这句话的意思是知道应该达到的境界才能够使自己志向坚定，志向坚定才能够镇静不躁，镇静不躁才能够心安理得，心安理得才能够思虑周详，思虑周详才能够有所收获。

二、谋定而后动

做任何事情，要先有周密的安排，安排既定，然后按部就班地去做，能应付自如，就不会忙乱了。在瞬息万变的社会里，当然免不了也会出现偶发事件，此时更要沉住气，详细而镇定地安排。事事要谋定而后动，就能像中国史书中的谢安那样在淝水之战最紧张的时刻还能闲情逸致地下棋了。

三、不做不能胜任的事情

要有自知之明，不做不能胜任的事情。假如我们身兼数职，却顾此失彼，又有何快乐可言呢？或者用非所长，心有余而力不足，心情又怎么会轻松呢？

四、拿得起，放得下

对任何事情都不可一天24小时地念念不忘，寝于斯，食于斯。否则，不仅于身有害，而且于事无补。

两个和尚一起到山下化斋，途经一条小河，和尚正要过河，忽然看见一个妇人站在河边发愣，原来妇人不知河的深浅，不敢轻易过河。一个年纪比较大的和尚立刻上前去，把那个妇人背过了河。两个和尚继续赶路，路上，那个年纪较大的和尚一直被另一个和尚抱怨，说作为一个出家人，怎可背个妇人过河。年纪较大的和尚一直沉默着，最后他对另一个和尚说："你之所以到现在还喋喋不休，是因为你一直都没有在心中放下这件事，而我在放下妇人之后，同时也把这件事也放下了。"

放下是一种觉悟，更是一种心灵的自由。

只要你不把闲事常挂在心头，快乐自然愿意接近你！

五、放松自己的心情

现代的人们，无疑承受了越来越大的压力。尽管如此，但心情仍需轻松。在你肩负重担的时候，千万记住要哼几句轻松的歌曲。在你写文章写累了的时候，不妨高歌一曲。要知道心情越紧张，工作就越做不好。

一个口吃的人，在悠闲自在地唱歌时也不会口吃；一个上台演讲就脸红的人，在与爱人谈心时会娓娓动听。要想身体好，工作好，就一定要在轻松的心情下工作。

六、多留出一些富余的时间

好多使我们心情紧张的事，都因为时间短促，怕耽误事。若每一件事都多留出些时间来，就会不慌不忙、从容不迫了。最好的办法就是把自用表拨快一定的时间。时时刻刻用表面上的时间警惕自己，如此则既不误事，又可轻松。

一个心情经常轻松的人挨枕头就能睡着，一个心情经常紧张的人容易失眠，一个永远从容不迫的人准能长寿，一个紧锁眉头经常紧张的人定会早亡。给心情放个假，你便会时时感到快乐，无忧无虑。

放弃也是一种选择

曾经有一个人，每天活得不堪重负，没有丝毫快乐可言，于是他去请教一位德高望重的圣人。圣人让他背起一只竹篓，请他每走一步就捡一粒石子放进竹篓里，他刚走百步，就觉得背上的东西太重受不了了。这时，圣人又把石子一粒一粒地从竹篓里取出，并且告诉他说："这粒是功名，这块是利禄，这粒是小肚鸡肠，这粒是斤斤计较……"当大半石子被抛出后，他背起竹篓走起路来感到轻松多了。那个人在圣人的指点下终于找到了自己不快乐的原因。

其实生活本身就是一只竹篓，你把功名利禄统统压在身上，当然会压得自己失去快乐的感觉。如果把这些东西放下，相信快乐定会与你为伴。生活对于每一个人都是公平的，如果你放弃了一样事物，它一定会给你另一种幸福。如果你不舍放弃阳光的明媚，就不会看见晚霞的美丽；不舍放弃春天的鸟语花香，就不会拥有秋天的硕果累累；不舍放弃夏天的绚烂多姿，就不会拥有冬天的雪花飞舞；不舍放弃童年的无忧无虑，就不会拥有长大成人后的辉煌成就。

　　什么都不愿放弃的人，是对生命的最大放弃。在漫长的人生道路上，如果一个人将一生的所得全部背负在身上，他最终会因负重而死。昨天的成就，不能代表今天，更不能代表未来。只要勇敢地放弃自己的过去，放弃那些阻挡你的东西，你就会快乐潇洒地选择另一种生活，从而培养自己对生活的坚定信念。所以，放弃意味着争取。放弃一些你无意或者无法得到的，才能够更专注更有力地追求你想要得到的。学会放弃，人生才显得更加积极主动。

　　生活中，我们无论如何也不能放弃希望，不能放弃自己的尊严，不能放弃做人的原则。也就是说必须放弃懦弱和苟且偷生，正如文天祥一样，放弃了荣华富贵，却达到了"留取丹心照汗青"的崇高境界。正确地选择放弃，才会有一种自豪。

　　所以，学会放弃，是放弃那种不切实际的幻想和难以实现的目标，而不是放弃为之奋斗的过程和努力；是放弃那种毫无意义的拼争和没有价值的索取，而不是丧失奋斗的动力和生命的活力；是放弃那种对金钱地位的搏杀和奢侈生活的追求，而不是失去对美好生活的向往和追求。

　　放弃不是颓废，不是厌世，而是一门学问。人生在世，忙忙碌碌，疲于奔波，常常被强烈的欲望所驱赶，不敢停步，不敢懈怠。背上包袱越来越多，越来越沉，却什么都不愿放弃，因此，当收获越来越多的时候，身心也就越来越疲惫。学会放弃，是因为心灵的天空不能塞得太满，就像云朵太多就成了乌云密布，几朵白云飘曳才显出天空的美丽。

放弃，是一种境界，是自我发展的必由之路。昨天的辉煌不能代表今天，更不能代表明天，过去的成就只能让它过去，只能毫不痛惜地放弃。只有学会放弃，才能卸下身上的负担，轻松上路，才能激发出新的力量，才会有新的收获。如果在奋斗的路上遇到了烦恼，应该先暂时将烦恼放置一边，去做自己喜欢的事，等到心情平和后再重新面对。这是对痛苦的解脱，也是对愉快生活的接受。

学会了放弃，才拥有一份成熟。一个人在成长过程中，会慢慢地发现他不得不放弃越来越多的东西，在不断的放弃中，人才会变得更加沉稳豁达。学会放弃，人生将向你展示另一种独特的美丽。

人生复杂，要简单地活

感恩生活，在做着自己喜欢的工作，累些又有什么关系，生活没那么简单，我们要在复杂的生活中让自己过得简单些。

在这个纷繁复杂的社会中，我们感到实在活得太累了。一道道人生难题摆在我们的面前，需要我们去破译、去求证、去解答、去挣扎。一个人的智慧和力量毕竟是有限的，面对一张张生活的大网和一团团乱麻的人生，我们往往显得力不从心，甚至有一种贫血的感觉。

其实，人生本来有很多种选择，也有很多种活法，但我们往往过于追求完美，把原本很简单的事情搞得复杂化，因而常常被弄得很苦很累很浮躁。譬如说，同是生命的个体，本是相互平等的，却非要仰人鼻息、察人脸色、揣人心事，日子过得诚惶诚恐、没滋没味。本来是很容易处理的一件事，却总是谨慎有余，小心翼翼，生怕因此触动了那张敏感的关系网。一次又一次，面临人生途中的一些选择，我们本不需要动太多脑筋，却非得瞻前顾后、左顾右盼一番不可，结果丧失了最佳时机，到头来后悔不迭……

人的社会性，决定了每个个体生命都要经历一定的人和事，这就要求我们必须有正常的心态和驾驭生活的能力。其实，这个世界并不复杂，复杂的是人自己本身，只要我们心想得简单一些，生活的天空便一片明媚。

在是非面前，我们不妨简单一些。社会是一盘杂菜，什么人都有，人上一百，形形色色，个中是非众人自有公论，道德自有评价。对此，我们不必去理会谁在背后说人，谁在人前被人说。也不必理会谁投来的一抹轻蔑，谁射过来的一瞥白眼。对那些微妙的人际关系，不妨视而不见、充耳不闻，排除一切有形或者无形的干扰，不必计较自己是吃了亏还是占了便宜。只要拥有一颗正直的心，忧国之所忧，想己之所想，不损国家，不谋私利，把家与国统一起来，我们心中的阴霾就会一扫而空，心境也会因此变得日益明朗和愉快起来。

对待得失，我们不妨也简单一些。生活对每个人都是公平的，有得就有失，有失就有得，塞翁失马，焉知非福，得与失是可以相互转化的。只要拥有一颗平常心，去善待生活中的不平事，与世无争，知足常乐，少一份嫉妒，多留一些时间和精力做自己喜欢的事，命运的光环自然会降落在你的头上。即使命不由人，也不必斤斤计较，你走你的阳关道，我过我的独木桥，你有你的活法，我有我的活法，眼睛里何必揉进一颗难受的沙子。抛去名利，放开权欲，用简单的心走过自己轻松而快乐的人生。若干年后，当我们回味起来，就不会感到寂寞，不会牢骚满腹、怨天尤人。

此外，在待人处世方面，我们也不妨简单一些。我们总是生活在一定的社会环境中，每天都要和各种各样的人打交道。对家人，对同事，对邻居，对朋友，其交往的程度还是平淡一点儿好。君子之交淡如水，何必纠缠于那些不胜其烦的繁文缛节之上。只有脱去一切伪装，善于真诚待人，相互宽容，相互帮助，心灵不设防，不要两重人格，有快乐共同分享，有困难共同分担，人与人之间就会架起一座理解与信任的桥梁，人间的真情就会开出绚丽的花朵。

生活是丰富多彩的，如晴空，如白云，如彩虹，如霞光，只要我们以简单之心去面对复杂的世界，生活的琼浆便汩汩而出，酿造出最甜最美的生活之汁。

活得简单些，这就是人生的最深内涵。

简单不是粗陋，不是做作，而是一种真正的大彻大悟之后的升华。

现代人的生活太复杂了，到处都充斥着金钱、功名、利欲的角逐，到处都充斥着新奇和时髦的事物。被这样复杂的生活所牵扯，我们能不疲惫吗？

梭罗有一句名言感人至深："简单点儿，再简单点儿！奢侈与舒适的生活，实际上妨碍了人类的进步。"他发现，当他生活上的需要简化到最低限度时，生活反而更加充实。因为他已经无须为了满足那些不必要的欲望而使神分散。

简单地做人，简单地生活，想想也没什么不好。金钱、功名、出人头地、飞黄腾达，当然是一种人生。但能在灯红酒绿、推杯换盏、斤斤计较、欲望和诱惑之外，不依附权势，不贪求金钱，心静如水，无怨无争，拥有一份简单的生活，不也是一种很惬意的人生吗？毕竟，你用不着挖空心思去追逐名利，用不着留意别人看你的眼神，没有锁链的心灵，快乐而自由，随心所欲，该哭就哭，想笑就笑，虽不能活得出人头地、风风光光，但这又有什么关系呢？

生活未必都要轰轰烈烈，"云霞青松作我伴，一壶浊酒清淡心"，这种意境不是也很清静自然，像清澈的溪流一样富有诗意吗？生活在简单中自有简单的美好，这是生活在喧嚣中的人所渴求不到的。东晋陶渊明似乎早已明了其中的真意，所以有诗云："结庐在人境，而无车马喧。问君何能尔？心远地自偏。采菊东篱下，悠然见南山。山气日夕佳，飞鸟相与还。此中有真意，欲辨已忘言。"简单的生活其实是很迷人的：窗外云淡风轻，屋内香茶萦绕，一束插在牛奶瓶里的漂亮水仙，穿透洁净的耀眼阳光，美丽地开放着；在阳光灿烂的午后，你终于又来到了年轻时的山坡，放飞着童年时的风筝；落日的余晖之中，你静静地享受着夕阳下清心寡欲的快乐……

简单是美，是一种高品位的美。

第九章

不忆当初，
拥有无怨无悔的人生

选择了浩瀚的大海，就不要后悔没有选择潺潺的小溪；选择了巍峨的高山，就不要后悔没有选择阶梯丘陵；选择了满天的繁星，就不要后悔没有选择皎洁的明月；选择了拼搏的人生，就不要后悔没有选择当下的安逸……

要让每一天都成为一个美好的开始，就应该淡化因错失良机而造成的懊悔，把注意的焦点聚集在今天的可能性上。不要为已经过去了的事情喋喋不休，悔恨不已，过去的就让它过去吧。

从今天开始，把你的注意力都聚集在开发自己取之不竭的潜能上。彻底清除自己对往事的懊悔，把"如果当时"这类消极的字眼从你的字典里删除掉，让每一天都有一个全新的、美好的开始。消除懊悔，那剩下的只有成功，你拥有的便会是无怨无悔的人生。

不为打翻的牛奶哭泣

令人后悔的事情，在生活中经常出现。许多事情做了后悔，不做也后悔；许多人遇到要后悔，错过了更后悔；许多话说出来后悔，说不出来也后悔……人的遗憾与后悔情绪仿佛是与生俱来的。

我们不能保证让自己所做的每一件事都永远正确，从而达到自己预期的目的。人不可能不做错事，不可能不走弯路。做了错事、走了弯路之后，有后悔情绪是很正常的，但是，如果纠缠住后悔不放，或羞愧万分、一蹶不振，或自惭形秽、自暴自弃，那么不但对事情的解决无益，对自己也是一种折磨。

后悔不能改变现实，只会消弭未来的美好，给未来的生活增添阴影。还是卡耐基的那句话："要是得不到我们希望的东西，最好不要让忧虑和悔恨来苦恼我们的生活。且原谅自己，学得豁达一点。"不为打翻的牛奶哭泣，着手当前面临的问题，才是我们做事之本。

一天，一位老师在实验室讲课，他先把一瓶牛奶放在桌上，沉默不语。学生们不明白这瓶牛奶和所学的课程有什么关系，静静坐在位置上，不解地望着老师。这时候，老师站了起来，一巴掌将那瓶牛奶打翻在水槽中。然后他将学生们叫到水槽前，说："我希望你们记住，牛奶已经淌光了，无论怎么样后悔和抱怨，都没有办法取回一滴。你们要是事先想一想，加以预防，那瓶牛奶还可以保住；可是现在，如果还为它劳心费神，分散精力，是没有一点儿益处的。现在最紧要的，就是忘记它，注意下一件事。"

明代大学问家曹臣的《舌华录》，其中有一则小故事，读来竟让人感到充满着人生的大智慧。东汉大臣孟敏，年轻的时候曾卖过甑，一次，他的担子掉在地上，甑被摔碎了，他头也不回地径自离去。有人问他："坏甑可惜，何以不顾？"孟敏十分坦然地回答："甑已破矣，顾之何益？"是的，甑再珍贵，再值钱，再与自己的生计息息相关，可它被摔破，已是无法改变的事实，你为之感到可惜，心疼如焚，顾之再三，又有什么益处呢？

的确如此，不要为无法改变的事痛惜、后悔、哀叹、忧伤。生活不可能重复过去的岁月，光阴如箭，来不及后悔。从过去的错误中吸取教训，在以后的生活中不要重蹈覆辙，要知道"往者不可谏，来者犹可追"。

长长短短的人生路上，一旦有了明确的目标，就不要在意这样那样的牵绊，要紧的是不懈不怠地去探寻、去追求。不要为打翻的牛奶哭泣，否则，正如泰戈尔所言，如果你因为错过太阳而流泪，那么你也将错过月亮和星辰。

随手关好身后的门

俗话说，为误了第一班车而懊悔不已的人，也可能会错过下一班车。

如果人们总是对自己曾经失去过的念念不忘，那样只会让你白白地浪费时间，同时也放弃了美好的未来。

沉浸在过去的岁月里，只会失掉现在；没有现在，就更没有将来可言了。

人生也就是从昨天的风雨里起来，过去已在心里留下了很深的记忆，而这也将会成为我们一生中不可抹掉的回忆。

如果你发现自己有沉溺于过去的现象，那么你就要将你的注意力集中到目前，然后可以在心里大声说：过去已成为历史，只要活在现在。

对于过去、现在与未来，人只能沉浸在一个阶段，而每次也只能上演一个阶段。

对于每次只能上演的这一个阶段，又是否做到了使自己闪闪发亮呢?

如果你不反省过去的言行举止，吸取失败的经验，又如何能改变自己，迈向成功呢？

如果你现在有梦想与目标，但是你一直沉浸于过去，无法向前看，那么梦想与目标都只能是你的一种无法实现的想法而已。

英国前首相劳合·乔治曾说过："我这一生都在关我身后的门。我对于过去发生过的事做了记录，不管是好还是坏现在都不会去管。而只有这样做，我才会对我现在要做的事勇敢地走出一步。"

有一次，乔治和朋友在院子里散步，他们每走过一扇门，乔治总是会随手把门关上，当时他的朋友就很纳闷说，你有必要那么做吗？乔治微笑着说，当然有这个必要了，我这一生都在关我身后的门。你知道这都是必须做的事。随手关好身后的门，也就是将过去的一切都放在后面，不管是成功的，还是让你悲伤的。然后，你从关门后就可以重新开始。

朋友听后，陷入了思考中。乔治也正是凭着随手关好身后的门的精神使自己走向了成功。

随手关上身后的门，要学会将过去的错误与失误通通都关在你的身后，然后做一个快乐成功的人，一直往前走！

的确，想做一个快乐成功的人，也就是要记得随手关上身后的门，不要对过去的事耿耿于怀，一直向前看，就像驾驶汽车一样，如果你想改变方向，那就必须换挡。

有位名人说过：一天过完了也就过去了，而你也做了你能做的一切，其中也许会包括某些错误与失败，快点儿将它们忘了吧！明天又是崭新的一天，它会让我们变得快乐，以最好的心态去迎接新的一天，这样才不会让过去的错误拖累你。

在一生中时刻都要注意关好身后的门，对过去的失误进行总结，但是不要为过去做错的事而耿耿于怀，无论是伤感也好，后悔也罢，它们都不会去改变你的过去，也不会让时光重新来过。

很多人不会去在意随手关好身后的门，而关好身后的门是一种大幸福与大智慧的表现。

莫要患得患失

　　有些人得知自己吃亏了或者赔本了，总是一脸的不快，埋怨自己，但是你在为一件东西亏还是赚花时间、花精力去后悔时，有没有考虑到你的心情成本？

　　吴芳所在的单位早期分了一套小户型房子，她换房后把那套房卖掉了，单位的福利房，当初分到手上时花了不到2万，但卖出了10万元，她当时是很满意的。可是这两年，房价飞涨，那个地段今年又建成了步行街，房价跟着翻番，她的那套房子如果搁现在，涨到15万没问题。也难怪她后悔，中间不过两年的时间。

　　不光是吴芳，近来在我们的耳边听多了这样的声音。身边有很多炒股的朋友，股市的涨跌让他们的心情也忽上忽下：本来看准了那只股票，差点儿买了，怎么一念之间就放弃了，那股现在涨了10元，我少赚了2万元，真亏呀；还有，手头上那只股，3元买进，涨到6元我就抛了，如果再大胆点儿，如今涨到了20元，卖了3 000股，少赚了差不多5万元呀，真是后悔得吐血，也不过是短短的半年时间，我怎么那么沉不住气呢？

就是这些人，做什么事情之前都要反复考虑，做完之后又放心不下，对方方面面都考虑得尽量周到，如有不妥，就很担心把事情办砸并担心别人对自己的看法，并且极其注重个人的得失，他们被笼罩在患得患失的阴影之中，永不满足，也永无安宁。

这个世界总有占不完的便宜，吃不完的亏，好事不可能总让你摊上，你也不可能总是那么倒霉。所以，放松吧，做完，放下，不再去想，拥有好心情才是最重要的。

从前有一位神射手，名叫后羿。他练就了一身百步穿杨的好本领，立射、跪射、骑射样样精通，而且箭箭都射中靶心，几乎从来没有失过手。夏王也从左右的嘴里听说了这位神射手的本领，也目睹过后羿的表演，十分欣赏他的功夫。有一天，夏王想把后羿召入宫中来，单独给他一个人演习一番，好尽情领略他那炉火纯青的射技。

夏王对后羿说："今天请先生来，是想请你展示一下你精湛的本领，这个箭靶就是你的目标。为了使这次表演不至于因为没有彩头而沉闷乏味，我来给你定个赏罚规则：如果射中了的话，我就赏赐给你黄金万两；如果射不中，那就要削减你一千户的封地。现在请先生开始吧。"

后羿听了夏王的话，一言不发，面色变得凝重起来。他慢慢走到离箭靶一百步的地方，脚步显得相当沉重。然后，后羿取出一支箭搭上弓弦，摆好姿势拉开弓开始瞄准。

想到自己这一箭出去可能产生的结果，一向镇定的后羿呼吸变得急促起来，拉弓的手也微微发抖，瞄了几次都没有把箭射出去。后羿终于下定决心松开了弦，箭应声而出，"啪"的一声钉在离靶心足有几寸远的地方。后羿脸色一下子白了，他再次弯弓搭箭，精神却更加不集中了，射出的箭也偏得更加离谱。

后羿收拾弓箭，勉强赔笑向夏王告辞，悻悻地离开了王宫。夏王很是不解，就问手下道："这个神箭手后羿平时射起箭来百发百中，为什么今天跟他定下了赏罚规则，他就大失水准了呢？"

手下解释说："后羿平日射箭，不过是一般练习，在一颗平常心之下，水平自然可以正常发挥。可是今天他射出的成绩直接关系到他的切身利益，叫他怎能静下心来充分施展技艺呢？看来一个人只有真正把赏罚置之度外，才能成为当之无愧的神箭手啊！"

患得患失、过分计较自己的利益将会成为我们获得成功的大碍。我们应当从后羿身上吸取教训，凡事莫要患得患失。

人生如棋，落子无悔

　　世事如棋，布局落子，一如光阴。溜走的是时间，落下的是棋子，在这一局里没有反悔。如果有，那是对自己过失的补救，补救所费的时间、精力较之三思而行者要多出数倍。

　　人的一生当中，需要面对许许多多的选择，这是我们每一个人都必须面对的现实。在人生道路上，我们也要经历许许多多的测验，成为每个人生命历程中难忘的经历。

　　一位父亲正在与儿子下棋，好胜心强的孩子一心想胜过自己的父亲，他睁大眼睛，聚精会神地思考着。他很重视每一步棋该怎样走，棋子都被手里渗出的汗水浸湿了。好不容易想出攻势凌厉的一招儿，他得意地往前走了一步，孰料就在落子的一刹那，突然之间他便发现自己的判断出现了一些错误，当然这一招儿不亚于主动送羊入虎口。他要悔棋。平时一向温和的父亲这时却严肃起来，他坚定地摇了摇伸出的手指，不准他悔棋，虽然这只是在娱乐。

　　当时在孩子幼小的心里，对父亲的不通情理暗暗不满，甚至在很长的一段时间里认为父亲是小心眼。然而许多年过去了，他才悟出了当年这"落子无悔"中父亲的良苦用心。任何游戏都是有规则的，规则是顺利进行游戏达到目的的保证。对孩子来说，游戏是对其心理和行为的约束，下棋犹如做人，和孩子一起做游戏时，督促孩子严守规则，是为了从小培养孩子的自制力，训练他的纪律性，并为将来成为守法诚实的人打下坚固的基础，所以，那个下棋的孩子在以后始终严于律己，奋发向上，最后在事业上取得了成功。其实，他就是新加坡国立大学著名的教授、商学院院长陈心刚先生。

这个世界上有越来越多的选择，越来越多的生活方式，正是由于我们的生活经历有限，因此我们做出选择的时间有限，也许没有人敢说自己落的"子"永远是对的。

生活逼着我们所做出的选择要么向左，要么向右，你选择这个，就意味着放弃那个。当做出决定，要同国手下棋一样——落子无悔！

落子无悔，实际上也隐含着人生无悔。每个人都有每个人的生命轨迹，人生道路最紧要处的一步，很可能会改变一个人的一生。但是，道路只有一条，生命也只有一次，一旦走完了，就没有时间供我们再次选择了。

人生没有卖后悔药的。我们常常听说，有的人在不小心的情况下，贸然行事，最终结果是痛失成功的机会，大发感慨："唉呀，我当时不这样做就好了。"后悔得捶胸顿足，可是晚了，虽然可以借此得到成功的经验，但宝贵的时间却因此空耗了。

人生在关键的时刻应该小心选择怎样落子的方法，人们做事，一定要很好地去考虑怎样用最好的方法去做，最大限度地避免失败的可能。

"开弓没有回头箭"，就是射出去的箭一旦出弓，就再也无法重新确定它的方向。

瞄准好目标，才会有的放矢，命中目标，相反只能留下遗憾与后悔。

人生的目标，在于如何去实现，如果是盲目地放箭，也有可能会命中目标，然而那样的概率实在是太小了，只有细致地研究自己的埋想、人生的目标，确定正确的方法，才会实现理想，完成圆满的人生之旅。人生犹如下棋，落子当无悔，必须做到耐心研究，精确思考，有备无患，否则连后悔都来不及了。尽管是勉强落子，也只能收获败局。

人生说长就长，说短也短。人的一生，正如一盘棋，你要有足够的智慧，足够的体力，足够的分析与判断局势的能力，善于把握机会，知道珍惜，懂得放弃。

也许你会赢，也许你会输。但有一点要知道，整个的过程才是最精彩的部分。

有人会说，选择是人生最痛苦的事情。但是，人总是要面对许许多多需要选择与决定的事情。选择最关键的地方就是，你能对你自己的选择负责，能承担自己的选择。回头的时候，告诉自己，我无怨无悔。

落子无悔，忠实自己的选择，相信自己所做出的判断。追求人生应是一种坦然、一种快乐、一种坦然的快乐。

　　相信，我们每个人都有自己的一盘棋。每个人，都会很精彩地做出自己明智的选择与判断。相信，明天的太阳一样会灿烂耀眼。

确定自己的追求就走下去

人生要想有所获得，就不能让诱惑自己的东西太杂多，不能让心灵里累积的烦恼太杂乱，更不能让努力的方向过于分叉。要学会简化自己的人生，在确定了追求以后就要勇敢地走下去，不受诱惑，无怨无悔。

在墨西哥海岸边，有一个美国商人坐在一个小渔村的码头上，看着一个墨西哥渔夫划着一只小船靠岸，小船上有好几尾大黄鳍鲔鱼。这个美国商人对墨西哥渔夫捕获这么高档的鱼恭维了一番，问他要多少时间才能抓这么多。

墨西哥渔夫说："才一会儿工夫就抓到了。"美国人再问："你为什么不待久一点儿，好多抓一些鱼？"墨西哥渔夫不以为然地说："这些鱼已经足够我一家人生活所需啦！"美国人又问："那么你一天剩下那么多时间都在干什么？"

墨西哥渔夫解释："我呀？我每天睡到自然醒，出海抓几条鱼，回来后跟孩子们玩一玩，再跟老婆睡个午觉，黄昏时晃到村子里喝点儿小酒，跟哥们儿玩玩吉他，我的日子可过得充实又忙碌呢！"

美国商人不以为然，帮他出主意，他说："我是美国哈佛大学企管硕士，我倒是可以帮你忙！你应该每天多花一些时间去抓鱼，到时候你就有钱去买条大一点儿的船。自然你就可以抓更多鱼，再买更多渔船。然后你就可以拥有一个渔船队。到时候你就不必把鱼卖给鱼贩子，而是直接卖给加工厂。或者你可以自己开一家罐头工厂。如此你就可以控制整个生产、加工处理和行销。然后你可以离开这个小渔村，搬到墨西哥城，再搬到洛杉矶，最后到纽约，在那里经营你不断扩充的企业。"

墨西哥渔夫问："这要花多少时间呢？"

美国人回答："15~20年。"

墨西哥渔夫问："然后呢？"

美国人大笑着说："然后，你就可以在家当皇帝啦！时机一到，你就可以宣布股票上市，把你的公司股份卖给投资大众。到时候你就发啦！你可以几亿几亿地赚！"

墨西哥渔夫问："然后呢？"

美国人说："到那个时候你就可以退休啦！你可以搬到海边的小渔村去住。每天睡到自然醒，出海随便抓几条鱼，跟孩子们玩一玩，再跟老婆睡个午觉，黄昏时晃到村子里喝点儿小酒，跟哥们儿玩玩吉他喽！"

墨西哥渔夫说："那我现在不就是在过这样一种生活吗？"

人生中，有时我们拥有的内容太多太乱，我们的心思太复杂，我们的负荷太沉重，我们的烦恼太无绪，诱惑我们的事物太繁多，大大地妨碍我们。

　　如果我们永远凭着过去生活的惯性，日常世故的经验，固守已经获得的功名利禄，想要获取所有的权钱职位，什么风头利益都要去争，什么样的生活方式都让我们眼花缭乱，什么朋友熟人都不愿得罪，这样我们会疲于应付，把很多时间和精力都花在无谓的纷争和无穷的耗费上。不仅自己的正常发展受到限制，甚至迷失自己真正应该前行的方向。因此，人生中，我们在追求的时候，一定要问问自己真正想要什么。在确定了自己的追求以后，就要无怨无悔地走下去。

忘记该忘记的，洒脱一点

美国白涅德夫人曾经写过一本《小公主》，里面的主人公莎拉曾经是一个富家女，但她的爸爸突然死去，还破了产，只留下她这个10岁的小女孩。她的生活从天堂掉到地狱，每天都要干脏活、累活，还要忍受别人的讥讽和嘲笑。但她依然很快乐，她接受了这个事实，并且幻想有一天幸福会降临，从而忘记了痛苦和屈辱。当我们在面对这样的环境的时候，我们是不是也应该这样呢？

人们总是希望自己活得快乐一点儿、洒脱一点儿，可是身处尘世，放眼四周，却常常会有人说自己并不快乐，被一种不可名状的困惑和无奈缠绕着。我们为什么不快乐呢？一个重要的原因就是我们没有学会遗忘。

在日常生活中，在人生路途上，我们所欣赏到、所见到的不全是让我们愉悦而开心的风景，还会遇到种种的挫折和不幸，有些甚至是致命的打击。因此我们要学会遗忘，对于我们来说，遗忘是一种明智的解脱。一次不该有的邂逅，一场无益身心的游戏，一场不成功的使人失魂落魄的恋爱，一个让人丢失进取心的空虚幻想，这些都是我们应该从记忆的底片上必须抹去的镜头。因为我们还在人生路途上行走，我们所追求的事业、目标在前方不远处，我们刻意遗忘是为了使自己更好地赶路，使我们走得更加的轻松。

人们常常为了名利将自己弄得疲惫不堪，为此将他人对待自己的种种误解铭记于心，对别人的轻视耿耿于怀。于是，本打算给自己营造一个轻松愉悦的天地，却不料到头来反而给自己套上一个又一个精神枷锁，心里的那片蓝天在不知不觉中抹上了灰色，伴随着成长的足迹深植于心，在不经意中折磨摧残着自己。这时我们真的需要一点遗忘的精神。忧心忡忡的你不妨到大自然中去体会事物本来的神韵，净化你的心灵，化解你的悲苦，遗忘你应该遗忘的那些东西。

遗忘在某种程度上也是一种宽容的体现。作为一个普通人，也许你并没有获得人生中所谓的辉煌，也许你遭受了不应有的嘲讽和轻视，但你不必为此而苦恼，你完全可以潇洒地把它们忘掉。因为，你如果为这些烦事所忧，就永远休想获得人生的辉煌。每个人都需要有一个心灵的空间去反思自己，在这个空间里，学会遗忘可以让你感受到自己的空间清澈了许多，让琐事像漂浮物一样远离我们而去，沉淀下来的是我们对生活智慧的领悟。

学会遗忘，这并不是一件容易的事，有许多你想忘也忘不掉的悲伤、痛苦、耻辱，它们是那么的刻骨铭心。我们要以一颗平常心去对待痛苦，既然已经发生了，就应该去接受它，再忘掉它，不要为你的生活添上许多不必要的烦恼。学会遗忘吧，遗忘该遗忘的，留给自己一个清新宁静的生存空间，便会感受到欲上青天揽日月的宽阔心怀。

我们只有学会遗忘，生活才会更加美好，如果一个人的脑子里整天胡思乱想，把没有价值的东西也记存在头脑中，那他总会感到前途渺茫，人生有太多的不如意，更无快乐可言。所以，我们很有必要对头脑中储存的东西给予及时清理，把该保留的保留下来，把不该保留的予以抛弃。用理智过滤去自己思想上的杂质。只有清空大脑，善于遗忘，才能更好地保留人生中最美好的回忆。

忘记需要选择，有些人、有些事在你的一生中是无法忘怀的，也不该忘怀。

曾经有这样一个故事：三个好朋友在一起旅行，三人行经一处山谷时，甲失足滑落，幸而乙拼命拉他，才将他救起。甲于是在附近的大石头上刻下了："某年某月某日，乙救了甲一命。"三人继续走了几天，来到一处河边，甲跟乙为一件小事吵起来，乙一气之下打了甲一耳光。甲跑到沙滩上写下："某年某月某日，乙打了甲一耳光。"当他们旅游回来后，丙好奇地问甲为什么要把乙救他的事刻在石上，将乙打他的事写在沙上。甲回答："我永远都感激乙救我，我会记住的。至于他打我的事，我只随着沙滩上字迹的消失，而忘得一干二净。"这个故事告诉我们，牢记别人对你的帮助，忘记别人对你的不好，这才是做人的准则。

许多人喜欢这样一首白话诗："春有百花秋有月，夏有凉风冬有雪。若无闲事挂心头，便是人间好时节。"记住某些事某些人，忘记某些事某些人，记住该记住的，忘记该忘记的，洒脱人生，心无挂碍，你便会觉得生活是如此美好。

平凡的选择，无悔的人生

人生需要一种执著，一种对心中向往的执著追求。虽然可能遍地荆棘，曲折不平，变幻莫测，但是心中那条路却是笔直的。这一切只因当初的选择。

刘英，一个环卫工人，凭着当初竞争上岗时的一句"脏我一个人，干净千万家"，20年来舍小家顾大家，为美化城市、创造更和谐的城市生活环境倾注了自己的全部。

20年前，刚刚大学毕业的她，接到了环卫局工作的通知，她简直不敢相信自己的眼睛，成绩名列前茅的她，竟然是当一名环卫工人。面对人生的第一抉择，她犹豫过，也彷徨过。去还是不去？去了，她害怕别人说她没出息，一个女孩子当一名清洁工，哪儿找不到工作；不去吧，又失去了就业机会，她毅然决然地选择了后者。虽然这一选择也曾遭到了家人、亲戚、朋友的反对，但她还是选择了自己的人生，当上了一名环卫清扫工。

刘英对于自己的选择无怨无悔，她用一生的精力去实践着她的选择。

环卫工人干的就是扫把一动尘土飞扬的活儿，劳累、脏臭又常被人瞧不起，刘英对其中的滋味深有体会。但她执著的性格，让她摒弃了怕丑、自卑的心态，振作精神投入清扫保洁的工作中。她想，既然干了清洁工这一行就一定把它干好。她在干中学、在学中干，在别人看来，扫街、收垃圾是一个单项劳动，但真正干起来，还是感觉到有不少窍门在里边，比如扫地时要学会左右手都会掌控扫把，如果只会用一边清扫，另一边就会格外费力；倒垃圾时不能全凭手腕的力量，那样很容易扭伤手腕，而是要依靠手肘的压力将垃圾轻松倒入垃圾箱等。她在老工人的帮助下，很快掌握了这些技巧。在日后的工作中，效率大大提高，清扫质量很快就达到了标准，工作起来也感到轻松了许多。

正是凭借这股不怕脏不怕苦的劲儿，她多次受到上级领导的表扬。她也在工作中逐渐地成熟起来，把人生的价值取向定位在"为人民服务"的宗旨上。于是工作便有了奋斗的目标，2000年，通过内部推选，刘英成了中二路以西的清扫队长。

作为环卫清扫队的队长，她深感肩上的责任之大，压力就是动力，任务就是命令。在这几年里，无论天寒地暑，无论是刮风下雨，她都一如既往，在黎明时分走上岗位，在夜深人静的时候，带着一身疲劳回家。但她从没有叫过一声苦，喊过一声累，无声行动，感动了班组里的其他姐妹，整个班组形成一股"比、学、赶、超"的热潮。在她的带动下，她管辖的街道都是样板街。她所在的班组多次受到嘉奖。可以说，她无愧于"城市的美容师"这个称号。

　　刘英的选择可谓平凡，但她正是在这样一个平凡的工作岗位上做出了不平凡的贡献，她的这20年可谓是无悔的。

　　帕瓦罗蒂小时候曾在题为《我的梦想》的作文中写道：我有两个梦想，一是做一名为人师表的教师，另一个是当一名歌唱家。他把这篇作文满心欢喜地交给父亲，期待着父亲的表扬。谁知父亲看过他的两个梦想之后，却蹙紧了眉头，抚着小帕瓦罗蒂的头说："孩子，你要想获得成功，就必须得在当教师和歌唱家之间做出取舍。这就好比你同时坐在两把椅子上，很可能从椅子中间掉下来，要想坐得舒适、稳当，你就只能坐一把椅子。"

　　小男孩听了父亲的话后，选择了唱歌，从小学、中学乃至大学，他锲而不舍地沿着这个梦想不懈追求，终于成为世界著名的三大男高音之一。

　　每个人都要做出选择，不能既想这样又想那样，当你做出选择后就要坚持不懈地走下去，无论遇到多大的困难也不放弃，无怨无悔地成就自己的一生。